CHARLES DAVID BAKER

101

Durstlöscher

FÜR DIE SEELE

francke

Bibliografische Information Der Deutschen Bibliothek
Die Deutsche Bibliothek verzeichnet diese Publikation in der Deutschen Nationalbibliografie; detaillierte bibliografische Daten sind im Internet über http://dnb.ddb.de abrufbar.

ISBN 978-3-86827-345-8

Published in association with the literary ageny of Alive Communications Inc., 7680 Goddard Street, Suite 200, Colorado Springs, CO 80920, www.alivecommunications.com
Originally published in English under the title
101Cups of Water
by WaterBrook Press, 12265 Oracle Boulevard, Suite 200, Colorado Springs, Colorado 80921, USA
A division of Random House Inc.
This translation published by arrangement with WaterBrook Press, an imprint of The Crown Publishing Group, a division of Random House, Inc.

Deutsch von Steffi Baltes
Umschlaggestaltung: Verlag der Francke-Buchhandlung GmbH / Sven Gerhardt
Umschlagbild: © iStockphoto.com / marc fischer
Bilder im Innenteil:
© iStockphoto.com: S. 6 marc fischer; S. 8 u. S. 12 Zlatko Kostic; S. 14 Plesea Petre; S. 18 Dušan Zidar; S. 22 Iaroslav Danylchenko
© fotolia.de: S. 10 Kesu; S. 16 tanatat; S. 20 visivasnc; S. 24 yellowj
Satz: Verlag der Francke-Buchhandlung GmbH
Printed in Czech Republic

www.francke-buch.de

Sind Sie müde? Durstig?

Willkommen im Club!

Lieber Leser,
haben Sie sich so sehr bemüht, ein guter Christ zu sein, dass

- Sie zu verkrampft sind, um wirklich liebevoll zu sein?
- Ihr schlechtes Gewissen jegliche Freude überlagert?
- Ihre Frustration Ihnen allen Frieden nimmt?
- Sie zu sehr mit sich selbst beschäftigt sind, um Geduld für andere aufbringen zu können?
- Sie oft zu verärgert sind und deshalb nicht mehr gerecht sein können?
- Sie zu ängstlich sind, um noch Vertrauen zu zeigen?
- Sie zu abwehrend sind, als dass Sie noch sanftmütig sein könnten?
- Sie zu ausgelaugt sind, um Ihr Leben so zu ordnen, wie es nötig wäre?

Wenn Ihnen das bekannt vorkommt, sind Sie höchstwahrscheinlich ein Gefangener Ihrer eigenen guten Vorsätze. Es geht Ihnen so wie vielen, die Durst haben und sich nach einer anderen Art zu leben sehnen.

Gott möchte, dass seine Kinder ein Leben in Fülle führen können, das aus der engen Beziehung zu ihm entspringt. Kein Leben, das wir aus eigener Kraft zu meistern versuchen, bis wir total erschöpft sind. Gott hat uns aus dem Gerichtssaal herausgeführt und in sein Haus eingeladen, in dem wir seine Wärme und seine Wunder genießen können. Doch die meisten von uns haben nicht in Gottes Gärten getanzt oder mit Jesus von Herzen gelacht. Aus dem einfachen Grund, weil uns niemand gezeigt hat, wie das geht. Wir haben uns nicht in Gottes gütiger Gegenwart erholt oder den Überfluss genossen, den er uns schenken will. Wir sind auch nicht dazu ermutigt worden, weil wir uns in unseren Kirchen und Gemeinden unwissentlich dazu anspornen, immer bessere Christen zu werden. Doch das führt lediglich dazu, dass wir schließlich entmutigt und erschöpft sind, und dass wir von unseren eigenen Erwartungen oder den Erwartungen anderer, von Schuld- und Schamgefühlen heruntergezogen werden.

Die 101 Durstlöscher in diesem Buch wollen erschöpfte Christen erfrischen und trösten. Sie basieren auf den Erfahrungen und Einsichten von Menschen, die selbst so manchen Kampf in ihrem Glaubensleben ausgefochten und gelernt haben, immer wieder zurück zur Quelle, zu Gott und seiner Gnade, zu kommen.

Obwohl ich der Autor dieses Buches bin, haben mich doch auch die Geschichten und Erfahrungen anderer inspiriert, denen ich hier eine Stimme verleihe.

Jeder Durstlöscher-Impuls hilft uns, einen authentischen, ehrlichen Blick auf unseren Weg mit Gott zu werfen und weist uns auf Jesus hin, der unsere ausgetrockneten Seelen mit den Strömen der Liebe Gottes wässern will.

Trinken Sie langsam. Genießen Sie.

Und erinnern Sie sich und Ihre Mitchristen an das Versprechen von Jesus:

„Wer von dem Wasser trinkt, das ich ihm gebe,
der wird nie wieder Durst bekommen.
Dieses Wasser wird in ihm zu einer Quelle,
die bis ins ewige Leben hinein fließt." (Joh. 4,14)

Gottes Gnade und Friede erfülle Sie jeden Tag neu,

Ihr Charles David Baker

Ein Becher voller Gnade

„Ich schaffe es einfach nicht, als Christ zu leben."

Bitte sagen Sie es nicht weiter, aber auch ich habe es versucht … und bin gescheitert. Ich habe Gott keineswegs von ganzem Herzen, von ganzer Seele und mit all meiner Kraft geliebt. Und ganz sicher habe ich auch nicht meinen Nächsten so geliebt wie mich selbst. So sieht es aus.

Ich habe so lange die große Lüge geglaubt, dass ich aus eigener Kraft ein „guter Christ" sein kann. Diese Lüge hat mich daran gehindert, Gott wirklich nahe zu kommen und mich an ihm zu freuen. Sie hat mich auch daran gehindert, die Schönheit der Schöpfung um mich herum zu würdigen oder die Gemeinschaft mit anderen.

Ja, es stimmt: Ich kann nicht aus eigener Kraft so leben, wie es Gott gefällt.

Und ich danke Gott, der mich davon erlöst hat, es wieder und wieder zu versuchen. Er hat mir gezeigt, dass allein Jesus ihm zu jedem Zeitpunkt Freude bereitet hat und ihm gehorsam war. Jesus ist es auch, der mir hilft, Gott nicht mehr im Weg zu stehen, indem ich ständig versuche, alles aus eigener Kraft zu machen. Er will in mir leben und mich dazu befähigen, ein Leben zu führen, das Gott Freude macht. (Gal. 3,13-14)

Was kann ich dazu beitragen?

Ich bitte den Heiligen Geist, mir meine Schwächen, meine Schuld und meine Bedürfnisse zu zeigen. Ich bringe alles zum Kreuz und gebe es Jesus. Dort erfahre ich seine Vergebung und die Liebe Gottes wird über mich ausgegossen. Und dann begreife ich endlich, mit einem Herzen voller Dankbarkeit, dass Jesus in mir und durch mich lebt.

„Nein, aus eigener Kraft kann ich kein guter Nachfolger Jesu sein – doch er liebt mich trotzdem."

Ein Becher voller Bedeutsamkeit

„Ich bin es leid, so … gewöhnlich zu sein."

Mein ganzes Leben lang habe ich versucht, etwas Besonderes zu sein. Ich wollte gerne von anderen bewundert werden und mich selbst ehrfürchtig im Spiegel betrachten können. Alles, nur nicht gewöhnlich sein. Ich dachte, man sei nur dann auf der richtigen Spur, wenn man genug Ehrgeiz besitzt.

Damit habe ich wohl falschgelegen. Außergewöhnliche, überdurchschnittliche Menschen unterliegen auch einem außergewöhnlichen Druck; sie müssen ständig überdurchschnittlich sein. Das wird schnell zu einem Gefängnis, aus dem es kein leichtes Entkommen gibt. Die Anstrengung, die man aufbringen muss, um seine ehrgeizigen Ziele durchzusetzen und jemand Besonderes zu sein, vielleicht sogar

eine Art „Superchrist“, — diese Anstrengung frisst mit der Zeit alle Freude, allen Frieden auf.

Diejenigen von uns, die sich einen Ruf als außergewöhnlich geistliche Menschen aufbauen wollen, kommen irgendwann an den Punkt, an dem Jesus an Bedeutung verliert. Irgendwann stellt er vielleicht sogar ein Hindernis bei der Verfolgung der eigenen Ziele dar.

Jesus aber ist zu uns gekommen, um uns aus dem Gefängnis unserer Selbstbezogenheit herauszuholen. Er ist gekommen, um uns von dem Bedürfnis, etwas Besonderes sein zu müssen, zu erlösen.

*„Jesus schenkt mir die Freiheit,
in ihm einfach zu sein, was ich bin.
Und das ist ganz und gar nicht gewöhnlich.“*

Ein Becher voller Überfluss

„Ich will mehr haben."

Ich bin nicht stolz darauf, aber ich muss zugeben, ich möchte mehr. Mehr Besitztümer, mehr Erfolg, mehr Bewunderer, mehr Einfluss, ein schöneres Haus, ein neueres Auto, eine geniale Idee, mehr Kapazitäten, mehr Kinder, mehr geistliches Wachstum … Die Liste ist noch lang.

Mehr – darum geht es in unserer Welt: Mehr haben, mehr tun, mehr sein. Das bestimmt meinen Wert in den Augen anderer und auch in meinen eigenen Augen. Ich bewerte mich selbst nach „mehr" oder „weniger", wobei „mehr" grundsätzlich besser zu sein scheint. Ein Mann fragte einmal seinen Freund, wie viel Geld dessen Familie benötige. „Mehr!", war die Antwort. Mein Pfarrer fragte mich einmal, wie

es mir mit dem Bibellesen gehe. Ich sagte ihm, ich würde in letzter Zeit „mehr" in der Bibel lesen.

Doch *mehr* ist eine Last, die schwer zu tragen ist. Diese Last ist ein Zeichen dafür, wie wenig ich Gott vertraue und wie wenig ich glaube, ihn zu brauchen. *Mehr* ist eine ausgeklügelte Strategie des Feindes, die uns für unsere Abhängigkeit von Gott blind machen will. Jesus allein ist mir nicht mehr genug. Ich bin versucht zu denken: Jesus + noch mehr = Zufriedenheit.

Wann immer ich mich bei diesem Gedanken ertappe, halte ich erst einmal inne und bete. Ich bitte den Geist Gottes, mir zu zeigen, wie sehr mein Leben von dem Bedürfnis nach *mehr* bestimmt ist. Ich bitte ihn darum, mir dieses Bedürfnis zu nehmen und mein Herz mit der Gegenwart Jesu zu füllen. Bei ihm gibt es wirklich *mehr*, über all meine Vorstellungen hinaus: „Ich aber bringe Leben – und dies im Überfluss", hat er uns zugesagt (Joh. 10,10).

„In Christus ist mir mehr geschenkt,
als ich jemals brauchen könnte."

Ein Becher voller Abhängigkeit

„Ich brauche Gott, um mein Leben auf die Reihe zu bekommen."

Die meisten von uns wünschen sich einen Gott, der ihnen beisteht, auf den sie sich verlassen und an den sie sich wenden können – sie wünschen sich also im Grunde genommen einen Kopiloten. Vielleicht sollte man die meisten von uns für unzurechnungsfähig erklären. Denn kein Mensch, der noch all seine Sinne beisammen hat, wünscht sich Gott als seinen *Ko*piloten. Das machen nur die, die unbedingt selbst der Pilot sein wollen und den Gedanken genießen, dass Gott auf dem Nachbarsitz sitzt, ohne dass sie die Kontrolle abgeben müssen.

Vielen von uns gefällt die Vorstellung, dass Gott einfach tut, worum wir ihn bitten – dass er sozusagen vom

Kopilotensitz aus für uns arbeitet. Vielleicht ist das auch der Grund dafür, dass wir in unserem Glaubensleben oft so schwach und ohne Biss sind, keine positive Auswirkung auf die haben, die Gott nicht kennen, und von der Gesellschaft als irrelevant abgetan werden. Vielleicht ist das der Grund dafür, dass wir oft so frustriert und selbstbezogen, so verkrampft und ausgelaugt sind, dass andere unsere Gemeinden meiden.

Die gesunde Haltung wäre, Gott auf den Pilotensitz unseres Lebens zu lassen. Wenn er die Kontrolle übernimmt, werden wir nach und nach zu einladenden, entspannten Nachfolgern Jesu, in deren Gesellschaft es die Menschen zieht, die Gott noch nicht kennen.

Wie wäre es wohl, wenn wir sogar „nur" Flugbegleiter anstatt Kopiloten wären? Stellen wir uns nur einmal vor, wie unbeschwert, wie sicher unser Leben dann wäre. Und wie viel Spaß wir dabei haben könnten, anderen zu dienen, während Gott unser Flugzeug sicher über Meere, Kontinente und Wildnis steuert. (Psalm 107,23-43)

*„Das Leben ist so viel besser,
wenn Jesus am Steuer sitzt."*

Ein Becher voller Fragen

„Das Leid in der Welt bringt mich dazu, an Gott zu zweifeln."

Was ist das für ein Gott, der Unterdrückung, Massaker, Ungerechtigkeiten, Überschwemmungen und Dürrekatastrophen zulässt? Warum tut er nichts? Ist er machtlos? Oder kümmert ihn das Leid gar nicht?

Immer wieder behaupten Menschen, das Leid in der Welt sei der beste Beweis dafür, dass Gott nicht existiert oder dass er grausam ist.

In Wahrheit kann keiner von uns diese offenen Fragen beantworten. Das Leid ist etwas Geheimnisvolles, Unbegreifliches. Wahrscheinlich sollten wir lernen, das zu akzeptieren.

Es gibt aber noch ein anderes Geheimnis, das die Menschen, die an Gott zweifeln, in Betracht ziehen sollten: da, wo es Leid gibt, gibt es meist auch Liebe: in Gestalt eines Feuerwehrmannes, eines Polizisten, eines Freiwilligen im AIDS-Hilfsdienst, einer Krankenschwester, die am Bett eines Kindes wacht … die Liste könnte noch lange fortgesetzt werden.

Einem Universum, das durch puren Zufall entstanden ist, wäre Liebe fremd. Das Phänomen der Liebe aber hat sich jemand ausgedacht. Es ist gottgewollt. Trotz all der vielen Dinge, die wir nicht verstehen, können wir darin Trost finden, dass uns Liebe umfängt, und mit der Liebe Gott selbst.

Ich muss nicht alles verstehen und erklären können. Das Unbegreifliche und Geheimnisvolle ist ein Teil unseres Lebens, den es zu akzeptieren gilt.

„Wenn wir mit der Unbegreiflichkeit des Leids konfrontiert werden, dürfen wir uns für die Liebe öffnen, mit der Gott uns umfangen will."

Ein Becher voller Freiheit

„Ich habe Angst davor, was andere von mir denken könnten."

Wenn ich mich von der Meinung anderer über mich abhängig mache, verliere ich meine Freiheit. Dieses Verhalten beeinflusst meine Selbstwahrnehmung. Ich beginne z.B. mich zu schämen und verliere meine Freude und meinen inneren Frieden.

Welche Gefühle steigen in mir auf, wenn ich eine falsche Antwort gegeben habe, meine Worte am liebsten zurücknehmen würde, mich für das Benehmen meiner Kinder schäme oder mich auf Fotos absolut nicht ausstehen kann?

Wenn ich am liebsten im Erdboden versinken würde oder jemandem den Kopf abreißen möchte, dann habe ich mich sehr wahrscheinlich bereits zum Sklaven der Erwartungen anderer an mich gemacht.

Kennen Sie das?

Vermutlich. Vielen von uns geht es so. Aber muss das so sein?

Gott erinnert uns immer wieder sanft, aber nachdrücklich daran, dass er uns genau so liebt, wie wir sind.

„Gott liebt mich, auch wenn ich etwas Dummes gesagt habe, wenn mir meine Kinder auf dem Kopf herumgetanzt sind oder wenn ich einfach einen schlechten Tag hatte."

Ein Becher voller Trost

„Ist das Leid, das ich gerade erlebe, eine Strafe Gottes für meine Schuld?“

Ein Pastor sagte zu einer Freundin von mir, dass die Krankheit ihrer kleinen Tochter wahrscheinlich eine Strafe für Schuld sei, die die Familie auf sich geladen habe. Diese Schuld habe, so meinte er, die Gebete der Familie wirkungslos gemacht.

Stellen Sie sich einmal vor, das hätte jemand zu Ihnen gesagt. So etwas passiert öfter, als wir denken. Worte werden dahingesagt, die einer Verdammnis gleichkommen und sich wie ein Mühlstein um den Hals des Betroffenen hängen.

Aber die Wahrheit ist doch, dass Gott unsere Sünden von uns abwäscht – die Schuld der Vergangenheit, der Gegenwart und der Zukunft. Wenn wir Gott unsere Schuld hinhalten, nimmt er sie weg. Sie zählt nicht mehr. *„So fern der Morgen ist vom Abend, lässt er unsre Übertretungen von uns sein."* (Ps. 103,12)

Jesus hat den vollen Preis für die Begleichung unserer Schuld gezahlt. Wenn das nicht so wäre, wäre er ja umsonst gestorben.

Gottes „Züchtigungen" (ein beliebtes Wort bei denen, die ihren Mitchristen einen Mühlstein um den Hals hängen) sind keine Strafe, sondern vielmehr Unterweisung und Ausbildung.

Ja, Gott kann auch Leid nutzen, um uns aus den Ketten zu befreien, die uns gefangen nehmen. Das macht das erste Kapitel des Jakobusbriefes deutlich. Und manchmal ist vielleicht sogar einen Hammer nötig, um die Ketten zu zerschlagen. Doch das hat nichts mit Strafe zu tun. Und ganz sicher nicht mit irgendeiner unvergebenen Schuld. Denn Gott wendet sich dem Sünder zu, der auf Knien zu ihm kommt – und nicht von ihm ab.

„Gott ist unser liebender Vater und nicht ein unbarmherziger Ankläger."

Ein Becher voller Leichtigkeit

„Es ist so schwer, Regeln einzuhalten."

Ich kämpfe immer wieder mit Regeln und es fällt mir schwer, sie einzuhalten. Ich finde das äußerst ermüdend. Bitte verstehen Sie mich nicht falsch. Es ist niemals gut, von dem Weg abzuweichen, den Jesus uns weist.

Wenn es mir aber nur darum geht, irgendwelche Regeln zu befolgen, kann das leicht gesetzlich werden. Das ist jedoch nicht der Weg, den uns das Kreuz Jesu zeigt.

Vielen von uns kommt ein „gesetzliches" Verhalten sogar entgegen, denn wenn wir immer damit beschäftigt sind, alles richtig zu machen, brauchen wir uns nicht der Bedürftigkeit und der Dunkelheit in uns zu stellen. Wenn wir uns nur darauf konzentrieren, Regeln zu befolgen, lenkt uns das außerdem hervorragend davon ab, auf die Bedürfnisse anderer einzugehen.

Wenn wir uns als Christen ausgelaugt und erschöpft fühlen, dann deswegen, weil wir unsere Lebensreise ohne Jesus fortgesetzt haben. Dabei kann nur er uns den richtigen Weg führen. Er will uns zeigen, was in unseren Herzen verborgen ist. Er gibt uns die Kraft, unsere zwanghaften, gesetzlichen Verhaltensweisen abzulegen, auch wenn sie uns noch so geistlich erscheinen mögen.

Natürlich wünscht sich Jesus, dass wir im Einklang mit seinen Plänen für uns leben – Pläne, die unser Wohl und das Wohl anderer im Sinn haben. Ein solches Leben sollte aber niemals ermüdend sein.

„Regeln können uns über die Maßen belasten, doch die Last, die Jesus uns auflegt, ist leicht wie eine Feder.“

Ein Becher voller Selbstbeherrschung

„Warum verliere ich so leicht die Fassung?"

Immer wieder meldet sich mein Schwachpunkt laut wie eine Alarmanlage mitten im Alltag zu Wort. Ich verlasse mich am liebsten nur auf mich selbst und gehe auch schon mal in die Luft, wenn das nicht möglich ist. Mit der Zeit habe ich festgestellt, dass ich meine Fassung umso leichter verliere, je weniger ich mich auf Jesus verlasse. Was ist Ihr Schwachpunkt? Wird Ihr Leben von emotionaler Distanz, Drogenmissbrauch oder Angstzuständen beherrscht? Oder durch hohen Blutdruck und ständige Kopfschmerzen eingeschränkt? Wenn wir uns nur auf uns selbst verlassen, entfernt uns das weiter und weiter von einem Leben, das in der Gnade Gottes ruht. Es verleitet uns dazu, uns falsche Vorstellungen von Gott zu machen, und

wir bleiben schließlich leer und unbefriedigt auf der Strecke.

Doch Jesus lädt uns zu einem anderen Leben ein: Er befreit uns davon, uns nur auf uns selbst zu verlassen. Stattdessen ruft er uns dazu auf, ihm zu vertrauen und ein Leben zu führen, das nicht mehr von unseren Schwachpunkten beherrscht wird – und in manchen Fällen sogar weniger von Migräne und Magengeschwüren.

Wie aber kann ich ein Leben führen, das von mehr Gottvertrauen geprägt ist? Von einem hoffnungsvollen Lächeln, freundlichen Worten, bedachten Antworten?

Es ist leichter, die guten Ansätze zu einem solchen Leben in anderen zu erkennen als in sich selbst. Aber wenn wir Gott darum bitten und unser Herz für seine Gnade öffnen, werden wir auch lernen, uns selbst zu beherrschen und destruktive Gewohnheiten abzulegen.

„Die Frucht aber des Geistes ist Liebe, Freude, Friede, Geduld, Freundlichkeit, Güte, Treue.“ (Gal. 5,22)

„Die Früchte des Geistes warten nur darauf, dass wir uns an ihnen freuen. Können Sie sie schon schmecken?“

Ein Becher voller Identität

„Hartnäckige schlechte Angewohnheiten geben mir das Gefühl, kein richtiger Christ zu sein."

„Ein echter Christ würde nicht so viel sündigen", denke ich. „Ein echter Christ hätte seine Probleme schon längst im Griff."

Sünde ist niemals etwas Gutes. Sünde fügt uns selbst und anderen Schaden zu.

Wenn wir in destruktiven Verhaltensmustern gefangen sind, dann wirkt sich das immer auch negativ auf die Menschen in unserem Umfeld aus.

Müssen wir uns von diesen Verhaltensmustern beherrschen lassen? Nein! Das ist die gute Nachricht. Natürlich fühlt es sich für uns oft so an, als würden wir von unseren hartnäckigen schlechten Angewohnheiten bestimmt. Doch das ist eine Lüge, die uns der Teufel nur allzu gerne glauben machen will. Wenn wir ihr erliegen, dann werden wir zwanghaft versuchen, uns aus eigener Kraft zu ändern. Und weil wir daran scheitern, werden wir frustriert und deprimiert und blind für unsere eigentliche, wahre Identität. Auch wenn es für uns so aussehen mag – wir sind nicht durch unsere Schuld festgelegt. Schuld ist nicht das, was uns ausmacht. Wir sind die Kinder des großen Königs, Prinzen und Prinzessinnen, wir sind seine Söhne und Töchter. Wir sollten uns selbst und einander immer wieder daran erinnern, dass nichts, nicht einmal die hartnäckigsten Sünden, uns von der Liebe Gottes trennen können (Röm. 8,35-39).

„Als Nachfolger von Jesus bin ich –
mit all meinen Schwächen –
das Kind des großen Königs."

Ein Becher voller Wertschätzung

„Ich wünschte, ich könnte dankbarer sein."

Ich glaube, mir fehlt die Wertschätzung. Zu oft bin ich vom Leben enttäuscht. Und selbst wenn es das Leben gut mit mir meint, bin ich nicht dankbar. Ehrlich gesagt denke ich dann, dass ich das auch verdient habe.

Ich bin nicht stolz auf diese Einstellung. Ich habe sogar schon dafür gebetet, dass Gott mir ein dankbareres Herz schenkt. Dann kam eine schlimme Zeit in meinem Leben. Doch sie hat mich stärker gemacht, und ich habe gelernt, dankbarer zu sein.

Ich habe angefangen, den Heiligen Geist zu bitten, mir all das Gute zu zeigen, das Gott schon in meinem Leben getan hat – ohne dass ich es verdient hätte. Dann habe ich geübt, Gott auch für die schwierigen Zeiten zu danken, die er in meinem Leben zugelassen hat. Inzwischen habe ich sogar damit begonnen, Gott selbst für meine Enttäuschungen, Frustrationen und Leiderfahrungen zu danken. Ich will nämlich darauf vertrauen, dass Gott aus allem, was mir begegnet, schließlich etwas Gutes machen kann (Röm. 8,28).

Gott muss mir immer wieder dabei helfen, dieses Vertrauen zu stärken. Und nach und nach beginne ich in der Rückschau tatsächlich auch die schweren Zeiten in meinem Leben zu schätzen, die für meine Entwicklung wichtig waren.

Ich bin dankbar, dass ich erkannt habe, dass ich oft überhaupt nicht dankbar bin. Diese Erkenntnis schätze ich sehr!

„Nein, ich kann mich selbst nicht dankbarer ‚machen'. Aber Gott kann es."

Ein Becher voller Ehrlichkeit

„Ich versuche verzweifelt, mich gut zu fühlen."

Ich mag es, wenn ich barmherziger bin als andere. Das hilft mir, mich gut zu fühlen, anderen überlegen … und das gefällt mir. Es fühlt sich wunderbar an, besser zu sein als „nur" gut, besonders dann, wenn es um christliche Tugenden geht. Also benehme ich mich so, als wäre ich vergebungsbereiter als meine Freunde, bin immer der Erste, der Gäste in unserer Gemeinde begrüßt, und der Erste, der in der gemeinsamen Gebetszeit laut betet. Ich versuche, ein Über-Christ zu sein, meinen Mitchristen immer ein wenig voraus.

Doch wenn ich meine Barmherzigkeit mit der von Jesus vergleiche, dann merke ich plötzlich, dass ich in Wirklichkeit überhaupt nicht so ein Super-Christ bin.

Wenn Gott mir mein wahres Selbst zeigt, wenn er das offenlegt, was sich tatsächlich in meinem Herzen verbirgt, dann bringt mich das dazu, endlich zu meinem Vater im Himmel zu laufen und ihm die Wahrheit zu sagen.

Die Wahrheit ist nämlich, dass ich in keiner Weise „überlegen" oder „besser" bin, und schon gar kein besserer Christ als andere.

Ach, es fühlt sich so gut an, das endlich auszusprechen.

Und es ist total erleichternd, dass ich mit mir selbst und anderen ehrlich sein kann und niemandem etwas vorspielen muss, was ich nicht bin. Gott liebt mich dennoch oder gerade deswegen.

Schon der Beter des 103. Psalms sagt:

„Denn er weiß, was für ein Gebilde wir sind; er gedenkt daran, dass wir Staub sind … Die Gnade aber des Herrn währt von Ewigkeit zu Ewigkeit über denen, die ihn fürchten." (Ps. 103,14.17)

„Wenn ich mich mit Gottes Augen betrachte, werde ich frei von falschen Selbstbildern."

Ein Becher voller Sicherheit

*„Das Leben jagt mir Angst ein.
Und der Tod erschreckt mich."*

Oft bin ich erschüttert und habe Angst – warum sollte es mir auch anders gehen? Wir waren nie dazu geschaffen, dieses verkorkste Leben zu leben. Wir waren nie dafür bestimmt, zu sterben. Danke, Adam und Eva – das habt ihr ja gut hingekriegt!

Also brauche ich mich wahrscheinlich nicht für meine Ängstlichkeit zu schämen. Angst ist natürlich. Aber muss die Furcht mein Leben bestimmen?

Nein! Die Botschaft des Evangeliums stellt mich auf sicheren Grund im Leben und im Sterben. Ich kann mein Leben auf das Fundament der Liebe Gottes aufbauen, das von unerschütterlichen, starken Säulen getragen wird. Die eine Säu-

le ist das Leben Jesu, das er vor seinem Vater im Himmel heilig und sündlos gelebt hat. Die andere Säule ist das Sterben Jesu, das der Gerechtigkeit, die vor Gott gilt, Genüge getan hat. Das Leben und Sterben Jesu ist ein großzügiges Geschenk an mich. In Jesus bin ich geborgen im Leben (Gal. 2,20) und im Angesicht des Todes (Röm. 6,4-5).

Wenn ich mit Jesus verbunden bin, trägt mich das über den Tod hinaus, und ich werde „ihm auch in der Auferstehung gleich sein". (Röm. 6,5)

„Herr, hilf mir, deinem Versprechen zu vertrauen, dass ich in dir sicher bin. Ich möchte nicht, dass das Leben mir Angst einjagt oder der Tod mich erschreckt, denn du hältst ja meine Hand."

„Mein Leben gründet sich auf den unerschütterlichen Pfeilern der Liebe Gottes."

Ein Becher voller Anhänglichkeit

„Ein übersteigertes Selbstvertrauen ist meine Lieblingsdroge."

Das ist ein weiterer meiner Schwachpunkte: Ich strotze nur so vor übersteigertem Selbstvertrauen. Ich fühle mich stark, sicher und unbesiegbar. Das hält mich davon ab, mich an Jesus zu klammern, zu beten oder die Bibel zu lesen. Ich bin mir ziemlich sicher, dass ich Gott nicht brauche und andere schon gar nicht. Pflichterfüllung, Gehorsam, ehrgeizige Ziele und harte Arbeit treiben mich an. In alledem aber bleibt mein aufgeplustertes Ego meine Lieblingsdroge, auch wenn es so schädlich für mich ist – und vielleicht noch schädlicher – als ein Glas Wein für einen Alkoholiker.

In Wirklichkeit brauche ich Jesu Hilfe und sein Erbarmen. Ich kann diese

Abhängigkeit nicht allein bekämpfen. Er muss mich dahin bringen, zu erkennen, dass ich nicht immer eine Antwort auf alles habe. Er muss mich an den Punkt führen, an dem ich schließlich mit meinem Latein am Ende bin. Erst dann, wenn ich mich schwach, bedürftig, ängstlich, entmutigt und verzweifelt fühle, werde ich bereit sein, nicht mehr auf mich selbst zu vertrauen, sondern mich an Jesus zu klammern. Er selbst hat schon die ganze Zeit über auf mich gewartet und mich nie losgelassen.

Erst wenn ich mich an Jesus klammere, als stünde mein Leben auf dem Spiel, erfahre ich, wie fröhlich und wie frei es macht, Gott zu vertrauen.

„Ich mag verzweifelt versuchen, mich nur auf mich selbst zu verlassen – doch die Verzweiflung bringt mich dazu, mich selbst loszulassen."

Ein Becher voller Demut

„Ich glaube an die alte, ewig gleiche Lüge."

Jeden Tag bin ich wieder versucht, der alten Lüge zu glauben, der schon meine Ur-Ur-Ur-Urgroßeltern Adam und Eva zum Opfer gefallen sind: dass ich ohne Gott leben kann (1. Mo 3).

Ich glaube, dass ich die Weisheit mit Löffeln gefressen habe; dass ich selbst am besten weiß, was gut für mich ist; dass ich mir ein glückliches Leben aufbauen kann und die Macht besitze, anderen meinen Willen aufzuzwingen; und vieles mehr.

Adam und Eva waren die ersten Kontroll-Freaks, und Unabhängigkeit war die verbotene Frucht, nach der ihnen der Sinn stand. Wie sieht das bei uns aus – sind wir, ihre Nachkommen, anders?

Nein, ganz und gar nicht.

Auch wir erliegen derselben Versuchung, und das jeden Tag.

Das ist auch der Grund dafür, dass das Gebet keine wichtige Rolle in unserem Leben spielt. Das ist die Ursache dafür, dass wir unter allen Umständen unser eigenes Leben und das der Menschen um uns herum im Griff haben wollen. Wir versuchen ständig, selbst Gott zu sein, auf alle nur erdenklichen Weisen. Und damit machen wir alles nur noch schlimmer. Wir und auch unsere Mitmenschen zahlen einen hohen Preis dafür.

„Herr, vergib mir, dass ich immer wieder auf die Lüge hereinfalle und glaube, ich könnte ohne dich leben. Mach mich frei davon, selbst über mein Leben bestimmen zu wollen. Hilf mir, dein Kind zu sein, das ganz von seinem himmlischen Vater abhängig ist. Lehre mich das, was der Beter in Psalm 100 sagt: ‚Erkennet, dass der HERR Gott ist! Er hat uns gemacht und nicht wir selbst zu seinem Volk und zu Schafen seiner Weide.'" (V. 3).

„Jesus, ich danke dir, dass ich nicht mehr versuchen muss, selbst Gott zu sein."

Ein Becher voller Ruhe

„Ich komme gedanklich einfach nicht zur Ruhe."

Immerzu muss ich überlegen, planen, einordnen, analysieren, überdenken … Wenn ich im Urlaub bin, während ich meine Zähne putze, wo auch immer – mein Kopf hört niemals auf zu arbeiten.

Ich muss mir selbst eingestehen, dass ich gedanklich deshalb so beschäftigt bin, weil ich in der ständigen Angst lebe, etwas nicht richtig oder nicht gut zu machen.

Unablässig wandern meine Gedanken zu dem hin, was ich heute, morgen oder nächste Woche tun muss.

Dabei überschätze ich meine Möglichkeiten, mein Umfeld und meine Zukunft zu kontrollieren und so zu gestalten, wie es mir passt, völlig. Ich mache mir selbst etwas vor. Aber ich will mich

wieder neu von Gott daran erinnern lassen, dass ich mein Leben nicht im Griff habe. Ich möchte aus dem Kreisen um so viele Pläne und Fragen heraustreten und gedanklich zur Ruhe kommen. Dabei will ich das beherzigen, was im 46. Psalm (V. 11) steht.

„Es tut so gut, still zu werden und zu erkennen, dass er Gott ist."

Ein Becher voller Gerechtigkeit

*„Es belastet mich sehr,
dass ich immer recht haben muss."*

Es ist für mich sehr wichtig, immer recht zu haben. Das betrifft geistliche Dinge, aber auch alles andere in meinem Leben. Ich *brauche* das einfach, dass ich immer im Recht bin. Mein Selbstvertrauen hängt davon ab, mein Selbstbild baut darauf auf, mein gutes Lebensgefühl zehrt davon. Deshalb halte ich stur an meinen Überzeugungen fest und verkünde sie laut und deutlich. Und ich verlange, dass andere mit mir darin übereinstimmen.

Es bedeutet mir alles, im Recht zu sein.

Das habe ich zumindest lange geglaubt. Wenn ich ganz ehrlich bin, merke ich aber, dass es mir in Wirklichkeit nur um meine Gerechtigkeit, die Rechtfertigung meines Daseins, geht. Ich bemühe mich mit jedem Atemzug so verzweifelt darum, mich selbst gerecht und gut zu „machen" und vergesse dabei doch, dass nur er gerecht und untadelig ist.

Paulus sagt im Brief an die Römer (3,10): *„Da ist keiner, der gerecht ist, auch nicht einer."* Also auch ich nicht.

Aber wissen Sie was? Es ist sogar irgendwie eine Erleichterung, das zugeben zu können. Es war so eine Belastung, immer „gerecht", im Recht sein zu wollen.

„Danke, Jesus!"

„Ich bin von dem Druck befreit, gerecht sein zu müssen – Jesus allein ist untadelig."

Ein Becher voller Glaube

„Bitte hilf mir, mehr auf dich zu vertrauen."

Ich versuche ja wirklich, genug Vertrauen und Glauben aufzubringen … aber es gelingt mir einfach nicht. Das habe ich mit den Jüngern Jesu gemeinsam, die sich auch oft verwirrt, ungläubig und fragend den Kopf gekratzt haben.

Ich glaube, dass ich da nicht der Einzige bin, sondern dass bei vielen von uns der Pegelstand des Glaubens ziemlich niedrig ist.

Vor einiger Zeit bin ich an dem Haus eines betagten Ehepaares vorbeigekommen und konnte durch die offenen Fenster hören, wie sie zum Essen ein altes Kirchenlied sangen. Ich blieb stehen, um ihnen zuzuhören, und die letzte Zeile des Liedes sprang mich förmlich an:

Jesus, Jesus, teurer Jesus,
allein aus Gnade vertrau ich dir mehr!

Diese Liedzeilen sind bei mir eingeschlagen wie eine Bombe.

Jesus ist nicht nur der „Gegenstand" unseres Glaubens. Er ist die Quelle. Selbst wenn ich mich noch so sehr bemühe – aus eigener Kraft kann ich niemals genug Glauben aufbringen. An mir ist es nur, Gott zu bekennen, wo ich mich wieder zu sehr auf mich selbst und zu wenig auf ihn verlassen habe. Er freut sich, mir den Glauben an ihn zu schenken. Ich habe das nicht verdient, aber er tut es aus Erbarmen und Liebe zu mir. So lesen wir es auch im Brief des Paulus an die Epheser:

„Denn aus Gnade seid ihr selig geworden durch Glauben, und das nicht aus euch: Gottes Gabe ist es." (Eph. 2,8)

„Ich muss nicht aus eigener Kraft
mehr Glauben an Gott aufbringen –
der Glaube ist ein Geschenk von ihm."

Ein Becher voller Annahme

„Ich schäme mich oft für mich selbst."

Das Paradoxe ist, dass es niemandem – noch nicht einmal uns selbst – je gelingen könnte, uns zu beschämen, wenn uns unsere Selbstachtung am Ende nicht wichtiger wäre als Jesus. Es ist eigentlich undenkbar, dass wir uns dumm, beschämt und gedemütigt fühlen – es sei denn, wir haben vergessen, dass unsere Namen im Himmel aufgeschrieben sind.

Einmal hatte ich zu einem Vortrag, den ich halten sollte, aus Versehen zwei unterschiedliche Schuhe angezogen. Als ich einige Leute im Publikum kichern hörte, blickte ich an mir herunter und bemerkte zu meinem Entsetzen, dass ich einen braunen und einen schwarzen Schuh trug. Vor lauter Scham wäre ich am liebsten im Erdboden versunken.

Natürlich kennen wir alle diese Momente im Leben – Momente, in denen wir uns einfach nur dumm fühlen. Warum auch nicht? Manchmal *sind* wir tatsächlich dumm.

Wie wäre es wohl, wenn wir uns davon frei machen könnten, so krampfhaft um den Erhalt unserer Selbstachtung bemüht zu sein? Wie wäre es, wenn wir Gott bitten, uns stattdessen daran zu erinnern, dass er uns adoptiert und angenommen hat? Die Scham würde ihre Macht über uns verlieren. An ihre Stelle würden der Mut und die Zuversicht treten, die wir deshalb haben können, weil wir Söhne und Töchter des großen Schöpfers sind.

„Wenn ich mich daran erinnere,
wer ich in Gott wirklich bin,
verschwindet die Scham."

Ein Becher voller Fokussierung

„Es ist für mich ein Kampf, tugendhaft zu leben."

Ich bin zwanghaft damit beschäftigt, ja fast davon besessen, perfekt zu sein. Ich bin sehr kritisch und verurteile andere leicht, ich bin angespannt, verkrampft und reizbar. Es fällt mir schwer, andere zu lieben, weil ich so sehr mit meinem eigenen Verhalten beschäftigt bin – und ihrem.

Ich sehe mich in unserer Gemeinde um und bemerke noch viele andere verbissene, unglückliche, abweisende und abwehrende Gesichter.

Irgendetwas läuft in unseren Gemeinden furchtbar falsch.

Natürlich ist es gut, tugendhaft und moralisch integer zu leben. So bewahrt uns Gott vor Dingen, die uns schaden.

Aber wenn wir von irgendetwas anderem als von Jesus „besessen“ sind, wenn wir uns zwanghaft mit anderen Dingen beschäftigen, dann ist das nicht gut. Wenn wir z.B. unsere sittliche, aufrechte Lebensweise „verehren“, dann ist das eindeutig Götzendienst. Nur Jesus gebührt unsere Verehrung.

Sobald ich mich nur noch damit beschäftige, ob ich und andere ein tugendhaftes christliches Leben führen, lasse ich mich von Gesetzlichkeit bestimmen und nicht vom Evangelium.

Es ist wichtig, dass ich mich mit den Geboten beschäftige, die Gott uns für unser Zusammenleben gegeben hat. Doch die Bibel lehrt mich auch, dass ein Leben, das Gott Freude macht, ganz natürlich aus einer engen Beziehung mit Jesus erwächst. Ihm, Jesus, gebührt unsere volle Aufmerksamkeit, und nicht in erster Linie unserem Verhalten.

Sobald ich lerne, Jesus zu lieben, will ich auch so leben, wie es ihm gefällt (Joh. 14,15). Ich werde frei von gesetzlichem Verhalten und befreit dazu, andere zu lieben.

„Wenn ich Jesus meine ganze Aufmerksamkeit schenke, fällt es mir leicht, ein Leben zu führen, das Gott gefällt.“

Ein Becher voller Liebe

„Manchmal hasse ich mich selbst."

Es gibt so viele Situationen in meinem Leben, die ich besser hätte handhaben können. Und wann immer ich über diese Situationen nachdenke, macht mich das wütend. Das geht manchmal sogar so weit, dass ich mich selbst hasse.

Paradoxerweise ist gerade dieser Selbsthass eine Form von Stolz. Ich hasse mich, weil ich glaube, ich hätte es aus eigener Kraft besser machen können. Ich hasse mich, weil ich meiner Meinung nach versagt habe. Aber das bringt mich nie an den Punkt, an dem ich tatsächlich demütig vor Gott werde und mein Versagen an ihn abgebe.

So seltsam das klingen mag – auf diese Weise bringt mich mein Stolz dazu, mich selbst zu verachten. So will ich aber auf Dauer nicht leben.

Ich will mich daran erinnern, dass Jesus ganz anders über mich denkt als ich selbst. Er weiß, dass es mir nicht leichtfällt, zuzugeben, dass ich kein perfekter Mensch bin. Aber er liebt mich dennoch.

Wenn ich durch die Augen Jesu einen Blick auf mich selbst werfe, kann ich mein Versagen leichter annehmen. Ich kann meinen Stolz an Jesus abgeben und mich darüber freuen, dass seine Liebe zu mir niemals aufhört. Und dann kann ich endlich auch meinen Hass auf mich selbst loslassen. Es tut so gut, zu wissen und zu erfahren, dass Jesus mich nicht verachtet. Ganz im Gegenteil (Röm. 8,35-39), für ihn bin ich unendlich wertvoll!

„Wie schön zu wissen, dass Jesus mich liebt, selbst wenn ich mich nicht leiden kann."

Ein Becher voller Vergebung

„Es fällt mir schwer,
zu meinen Schwächen zu stehen."

Einmal, als ich acht Jahre alt war, ging ich durch einen Lebensmittelladen und entschloss mich, ein Tütchen gesalzene Kürbiskerne zu stehlen (Ja … Kürbiskerne! Nicht Süßigkeiten oder Fußball-Sammelkarten).

Als ich mit meiner Beute draußen war und die Kürbiskerne probierte, schmeckten sie eigentlich nach nichts, außer dass sie schrecklich salzig waren.

Dann meldete sich das schlechte Gewissen und ich bekam Angst. Es dämmerte mir, dass ich ein richtiger Dieb war, und ich versteckte mich im Gebüsch, weil ich Angst hatte, verfolgt zu werden. Bestimmt wusste schon die ganze Welt, was ich gerade getan hatte. Ich sprach das Wort *Dieb* laut aus, und in meinem Mund entfaltete es einen schlimmeren Geschmack als die Kürbiskerne. Ich fühlte plötzlich eine große Last. Weil ich das nicht länger aushalten konnte, atmete ich tief durch, ging zum Laden zurück, beichtete dem Besitzer meine Tat und übergab ihm das angefangene Päckchen Kürbiskerne. Er vergab mir und meine Welt war schlagartig wieder in Ordnung.

Wenn mein Leben gelingen soll, wenn ich wirklich heil werden will, dann muss ich zu meinen Schwächen, Fehlern und Sünden stehen und sie Gott bekennen.

Gottes Geist zeigt mir freundlich und gnädig meine dunklen Punkte, sodass ich sie Jesus hinhalten kann und mich mein schlechtes Gewissen nicht mehr von seiner Liebe trennt. Wenn ich meine Sünden klar und deutlich beim Namen nenne, nimmt mir Jesus diese große Last von meinen Schultern (1. Joh. 1,9). So werde ich schließlich auch frei dafür, andere zu lieben und sie zu segnen.

„Es macht frei und glücklich,
Gott unsere Schuld zu bekennen,
denn wir dürfen seine Gnade schmecken."

Ein Becher voller Geheimnisse

„Ich bin es leid, Gott verstehen und ergründen zu wollen."

Ich liebe Geheimnisse – außer diejenigen, die mit Gott zu tun haben.

Das kommt daher, dass ich oft höre, ich müsse mich bemühen, Gott zu verstehen, damit ich eine richtige Beziehung zu ihm aufbauen kann. Außerdem gibt es da diese leise Stimme in mir, die mir weismachen will: Sobald ich Gott verstehe, kann ich ihn auch dazu bringen zu tun, was ich will.

Also stürze ich mich in theologische Studien. Ich lese die Bibel, analysiere jedes Wort und dann kämpfe ich für die Meinung, die ich mir gebildet habe. Doch im Grunde genommen verschwende ich damit nur meine Zeit. Gott ist ein Geheim-

nis. *„Denn ‚wer könnte jemals Gottes Absichten erkennen? Wer könnte ihn beraten?'“* (Röm. 11,34)

Und ich glaube sogar, es gefällt Gott, ein Geheimnis für uns Menschen zu sein. Er lädt mich ein, ihn zu lieben, ohne ihn zu verstehen. Wer bin ich denn auch, dass ich mir einbilde, Gott begreifen zu können? Gott wird sich ganz sicher nicht von mir erfassen oder kontrollieren lassen. Das, was er uns in der Bibel und durch Jesus von sich zeigt, ist genau das, was wir über ihn wissen sollen. Nicht mehr. Aber auch nicht weniger.

Eigentlich ist das doch eine befreiende Nachricht. Ich muss mich nicht länger damit abmühen, Gott begreifen zu wollen. Natürlich muss ich in diesem Zug auch die Tatsache akzeptieren, dass ich Gott niemals werde manipulieren können. Aber wenn ich ehrlich bin, freut mich das sogar. Denn wenn ich nicht alles wissen muss und kann, entspannt mich das und hilft mir dabei, ganz auf Gott und seine Möglichkeiten zu vertrauen.

„Es ist so erleichternd zu wissen,
dass ich Gott nicht erst verstehen muss,
bevor ich von ihm geliebt werde.“

Ein Becher voll Ruhestand

„Das Leben ist mir zu schwer."

Wenn ich das Gefühl habe, zu viele Lasten schultern zu müssen, dann könnte das daran liegen, dass ich mich selbst zum CEO, zumGeschäftsführer meines Lebens gemacht habe. Vermutlich bin ich der Täuschung unterlegen, dass ich über alles die Kontrolle brauche – sogar mehr, als ich Jesus brauche. Ich habe diese Tatsache noch nie irgendjemandem gegenüber laut ausgesprochen, denn es fällt mir schon schwer, es mir selbst einzugestehen. Aber mein freudloser, friedloser, anstrengender Alltag zeigt mir ganz deutlich, dass ich mich dazu entschieden habe, selbst die Verantwortung für mein Leben zu übernehmen.

Natürlich bekenne ich mit dem Mund, dass Gott der Herr meines Lebens ist, aber tief in mir drinnen glaube ich das nicht, meistens jedenfalls. Beweise dafür sind meine innere Unruhe, mein Ärger, meine Frustration und meine geheimen Ängste. Im Grunde genommen lebe ich den größten Teil meines sogenannten christlichen Lebens ohne Christus.

Doch ich habe die Nachricht erhalten, dass ich mich getrost in den Ruhestand verabschieden kann. Und es kommt sogar noch besser: Von jetzt auf gleich kann ich den Job hinschmeißen und den Chefsessel mit all den damit verbundenen Herausforderungen und Problemen Jesus überlassen.

Das sind gute Neuigkeiten. Nicht nur für mich, sondern auch für die Anteilseigner meines Lebens – wie meine Frau, die ich oft an den Rand der Verzweiflung bringe; meine Kinder, die über ihren Vater den Kopf schütteln; meine Freunde, die immer wieder meine Launen ertragen müssen. Irgendwie habe ich das Gefühl, sie alle wären total glücklich über meinen Rücktritt.

„Mit Jesus als Geschäftsführer meines Lebens kann ich mich entspannen."

Ein Becher voller Christus-Bewusstsein

„Ich mache mir ständig Sorgen um meinen Ruf."

Wahrscheinlich kümmern wir uns alle viel zu sehr darum, was andere wohl von uns denken. Wir verschwenden unsere Zeit damit, einen Blick zu analysieren, den uns jemand zuwirft, oder über einen kleinen Kommentar nachzudenken, den ein anderer in unserer Gegenwart gemacht hat. Wir bemühen uns mit aller Macht darum, unseren Mitmenschen ein perfektes Bild von uns zu präsentieren. Sogar (oder gerade) in unseren Gemeinden gelingt es uns nicht, einfach wir selbst zu sein und uns nicht darum zu kümmern, was die anderen denken.

Aber es ist total anstrengend, ständig am eigenen Ruf zu feilen. Warum kann ich mich nicht einfach damit zufriedengeben, was der Vater des Universums von mir denkt? Für meinen Vater im Himmel bin ich die große Liebe. Ihm gegenüber brauche ich meine Fehler und Schwächen nicht herunterzuspielen oder zu leugnen, denn er beurteilt mich nicht danach. Meinem Vater gegenüber brauche ich keinen guten Ruf aufzubauen, denn meine Identität, mein wahres Ich ist in Christus verborgen. Und um seinen Ruf steht es ziemlich gut.

„Weil Gott mich unendlich liebt,
muss ich nicht um mich selbst
und meinen Ruf kreisen,
sondern kann unbeschwert leben."

Ein Becher voller Schwäche

„Ich will mich meinen Fehlern und Unzulänglichkeiten nicht stellen.“

Aber wie würde sich mein eigenes Leben (und das anderer) verändern, wenn mir das gelänge?

Vielleicht würde ich …

- mich nicht mehr so niedergedrückt, ängstlich und enttäuscht fühlen
- mutig und völlig ungehemmt leben und arbeiten
- meine Gaben kraftvoll entfalten und zum Einsatz bringen

- ehrlich meine Meinung sagen und im Gespräch mit anderen klar Position beziehen, ohne jemanden vor den Kopf zu stoßen

- freudig das Leben, das Gott mir geschenkt hat, feiern

- andere und mich selbst lieben

„Es ist faszinierend: Wenn ich meine Schwächen zugebe, werde ich dadurch stärker."

Ein Becher voller Vertrauen

„Es fällt mir so schwer, Jesus zu vertrauen."

Als ich ein Kind war, fiel es mir leicht, Jesus zu vertrauen. Seitdem aber haben mir viele Menschen einen anderen Jesus gezeigt: den verärgerten Richter oder den Menschensohn mit dem erhobenen Zeigefinger, der mich vor seiner Wiederkehr warnt. Den Gott, der Rache nimmt an jedem, der beim Abendmahl den *„Leib des Herrn nicht achtet"* (1. Kor. 11,29). Den Jesus, der alle meine Sünden aufschreibt und mich am Tag des Gerichts darauf festnagelt.

Was ist mit dem Jesus passiert, der mir damals im Kindergottesdienst nähergebracht wurde? Dem Jesus, der die Schwachen verteidigt? Der der Freund der Sünder ist, der Heiler der Kranken, der Tröster der Trauernden? Was ist aus

dem Jesus geworden, der Ungerechtigkeit, Habgier und religiösen Missbrauch aus dem Tempel, dem Haus seines Vaters, verbannt hat?

Diesen Jesus will ich wieder neu kennenlernen.

Das ist der Jesus, dem ich in meinem Leben begegnen möchte und dem ich vertrauen will (Phil. 3,10-11).

„Ich bin so froh,
dass Jesus vertrauenswürdiger ist,
als ich es jemals begreifen kann."

Ein Becher voller Nächstenliebe

„Ich bin nicht gut darin, andere zu lieben"

Einer der Gründe dafür ist, dass ich zu viel Energie darauf verwende, dass andere *mich* lieben.

Ich glaube, ich kenne niemanden, der mich liebt, wenn ich mich nicht anständig benehme. Aber was beinhaltet das alles? Was muss ich tun, um geliebt zu werden? Manchmal habe ich das Gefühl, dass ich immer noch ein bisschen besser werden muss. Dass es nie genug ist.

Woher soll ich da noch die Kraft nehmen, andere zu lieben?

Ich finde die Kraft darin, dass ich erfahre: ich bin zuerst geliebt, bedingungslos geliebt.

Wer ist es, der mich auf diese Weise liebt?

Jesus Christus.

Jeden Tag mache ich mir

diese Liebe neu bewusst. Und dabei lerne ich, nicht mehr so verzweifelt von anderen geliebt werden zu wollen.

Das Großartige ist: Je mehr mir die Liebe Jesu bewusst wird, je mehr ich mich von ihr füllen lasse, desto leichter fällt es mir, meine Mitchristen und Mitmenschen zu lieben – ohne Bitterkeit, Ärger oder Vorbedingungen (1. Joh. 4,7-21).

„Je mehr ich mich von der bedingungslosen Liebe Jesu erfüllen lasse, desto besser werde ich darin, andere zu lieben.“

Ein Becher voller Möglichkeiten

„Der Alltag ist für mich kaum zu bewältigen."

In der Tat wird der neue Tag nicht zu bewältigen sein … wenn Jesus nicht dabei ist. Doch der Teufel will mich glauben machen, dass ich es auch allein schaffen kann. Ich soll denken, dass mein „geistliches Fitnessstudio" – all die christlichen Bücher, die ich lese, und die Predigten, die ich mir im Fernsehen anschaue, – mir genug „geistliche Muskeln" gegeben haben, um den Alltag allein zu bewältigen. Warum gebe ich mich dieser Illusion immer wieder so leichtgläubig hin – noch ein paar geistliche Übungen, und dann wird der Tag, ja mein gesamtes Leben als Christ, schon zu stemmen sein?

Eigentlich haben mich meine Erfahrungen doch eines Besseren belehrt.

Je mehr ich mich der Illusion hingebe, dass ich

geistlich stark bin und einen großen Glauben habe, desto weniger beziehe ich Jesus in meinen Alltag ein. Und dann wird der Tag doch nicht so gut, wie ich geglaubt habe.

Also widerstehe ich der Versuchung, meine (geistlichen) Muskeln spielen zu lassen.

Stattdessen lege ich meinen Trainingsschwerpunkt auf die härteste geistliche Übung überhaupt: ich beuge meine Knie, um vor Gott zu kommen und zu beten. Denn wenn ich vor ihm auf die Knie gehe – und vor nichts und niemand anderem –, dann verändert sich mein Alltag. Und plötzlich ist alles möglich (Mk. 10,27).

„Ja, ohne Gott kann ich den Alltag nicht bewältigen, aber durch ihn sind alle Dinge möglich."

Ein Becher voller Hoffnung

„Mein Leben ist irgendwie nicht normal."

Ich tue Dinge, die ich nicht tun will. Und das, was ich eigentlich tun will, tue ich nicht. Das ist die traurige Wirklichkeit in meinem Leben.

Bin ich ein „normaler" Christ?

Oh ja. Paulus tröstet uns diesbezüglich im siebten Kapitel des Römerbriefes. Er gibt uns keinen Freibrief, es uns in unseren menschlichen Begrenzungen und schädlichen Verhaltensmustern so richtig bequem zu machen, aber er versichert uns, dass wir nicht die Einzigen sind, denen es so geht. Er bekennt, dass er selbst immer wieder damit zu kämpfen hat, dass er Dinge tut, die er nicht will, und anderes lässt, was er besser hätte tun sollen. Er sagt sogar von sich, dass er der größte Sünder von allen sei (1. Tim 1,15).

Woher kommt nun Hoffnung für uns?

Auch hier ist es wieder Paulus, der uns ermutigt (Röm. 8,1):

Trotz unseres „normalen" Verhaltens als Christen „gibt es nun keine Verdammnis für die, die in Christus Jesus sind".

Ein Becher voller Freude

„Ich möchte verzweifelt gerne glücklich sein."

In meinem tiefsten Innern bin ich davon überzeugt, dass es im Leben eigentlich um das Glücklichsein geht.

Doch das Glück, das ich suche, entgleitet mir immer wieder. Und ich merke: ich kann mich nicht selbst glücklich *machen*. Dennoch versuche ich es manchmal. In diesen Situationen bin ich voller Selbstvertrauen, aber auch irgendwie angespannt, starrköpfig, innerlich getrieben. Ich verhalte mich wie ein einsamer Wolf und lade mir das Gewicht der ganzen Welt auf meine Schultern. Ich weigere mich anzuerkennen, dass ich einen Erlöser, einen Retter brauche. Dabei bin ich doch auf Jesus angewiesen, der mich an der Hand nimmt und den Weg führt, den er für mich ausgewählt hat.

Das Merkwürdige ist:

Je mehr ich dem Glück nachjage, desto mehr entzieht es sich mir, und desto unglücklicher werde ich.

Erst wenn Gottes Geist mich davon überzeugt, dass er allein die Quelle aller Freude in meinem Leben sein kann, werde ich gelassener. Mit einem Mal kann ich akzeptieren, dass ich in vielerlei Hinsicht kindlich, schwach, bedürftig und unwissend bin. Ich kann mein Glück in dem Wissen finden, dass ich das Kind des Allerhöchsten bin.

„Kann ich immer glücklich sein? Nein. Kann ich mir in allem ein fröhliches Herz bewahren? Ja."

Ein Becher voller Zukunftshoffnung

„Es gefällt mir nicht, so unzufrieden zu sein."

Mein Umfeld und die Stimmen in meinem Inneren wollen mir weismachen, dass ich unbedingt all die Probleme lösen und all die Defizite ausgleichen muss, die ich schon so lange mit mir herumschleppe. *Du brauchst mehr Geld, mehr Spaß, bessere Karrierechancen, mehr von diesem, mehr von jenem ...* Solche Gedanken flüstern mir diese Stimmen ein.

Sie sind nicht leicht zu ignorieren. Wie kann ich sie verstummen lassen?

Ich kann mich daran erinnern, dass mein Name im Himmel aufgeschrieben ist – und mich darüber freuen. Ich kann Gottes Geist bitten, mir meine Herzenswünsche deutlich zu machen, und sie in Beziehung zu setzen zu dem, was Gott uns in der Bibel von seiner himmlischen Realität offenbart (Jesaja 6).

Wenn ich Gott erlaube, meine Gedanken und meine Vorstellung mit Bildern von meiner himmlischen Heimat zu füllen, dann erscheinen mir meine Bedürfnisse plötzlich in einem anderen Licht. Im Licht der himmlischen Herrlichkeit, die uns eines Tages erwartet, verblassen alle anderen vermeintlich so dringenden Wünsche.

Natürlich lebe ich im Hier und Jetzt, in der Gegenwart. Und das ist gut so und von Gott gewollt. Doch es ist wichtig, sich von Zeit zu Zeit daran erinnern zu lassen, dass das nicht alles ist. Wir dürfen auf eine wunderbare Zukunft hoffen.

„Wenn ich einen Blick auf die Heimat werfe, die Gott im Himmel für mich vorbereitet hat, rückt das all meine aktuellen Bedürfnisse ins rechte Licht."

Ein Becher voller Verwunderung

„Ich sehne mich nach Gottes Wohlwollen, nach seinem Beifall."

Ich arbeite hart, um Gott zu gefallen. Wenn ich den Eindruck habe, dass Gott stolz auf mich sein kann, fühle ich mich gut. Im Geheimen bin ich sogar davon überzeugt, dass Gott mir eine Belohnung schuldet, weil ich mich so für ihn ins Zeug lege und so viel Gutes tue.

Doch die ganze Anstrengung macht mich auch müde. Ich fühle mich ausgelaugt und ertappe mich dabei, wie ich mir vorrechne, wofür Gott mir seinen Beifall schuldet. Ich hoffe, er rechnet auch Überstunden an. Der Gedanke, dass er sein Wohlwollen und seine Gnade an manche Leute einfach so *verschenkt*, macht mich rasend. Warum sollte ich mich dann so anstrengen? Das ist doch nicht fair!

Irgendwann bemerke ich

allerdings selbst, dass hier etwas nicht stimmen kann. Wenn ich immerzu versuche, mir Gottes Wohlwollen zu verdienen und Strafe zu vermeiden, dann geht es in meiner Beziehung zu Gott letztlich nur um mich.

Und das Objekt meiner Begierde ist nicht Gott, sondern sein Wohlwollen und sein Segen. Ich versuche Gott mit meinem Verhalten zu manipulieren. Er soll mich belohnen, er soll mich mehr lieben, er darf mich nicht strafen.

Ich weiß, das klingt furchtbar, aber so ist es.

Dabei kann ich Gott gar nicht dazu bringen, mich noch mehr zu lieben, als er es ohnehin schon tut. Ist das nicht eine erleichternde und großartige Nachricht? Ganz gleich, wie viel Arbeit ich in meine Gemeinde stecke, wie viele Missionare ich finanziell unterstütze oder wie gut ich mich anderen gegenüber verhalte ... er liebt mich einfach. Seine Liebe zu mir ist unendlich groß und bleibt unverändert bestehen.

„Nichts, was ich tue oder unterlasse, ändert Gottes Gefühle für mich."

Ein Becher voller Begeisterung

„Es gibt Tage, da finde ich Jesus einfach nur langweilig."

Natürlich, es ist toll, dass Jesus mich eines Tages in den Himmel aufnimmt. Aber abgesehen davon finde ich ein Leben mit ihm nicht besonders aufregend. Oft langweile ich mich beim Bibellesen, im Gottesdienst, beim Beten. Und ehrlich gesagt ist mir das Schicksal der Menschen, die Jesus nicht kennen, ziemlich egal.

Woran liegt das?

Wir sind oft nicht wirklich ehrlich mit uns selbst und denken, dass wir doch eigentlich gar nicht so viel falsch machen. Deshalb haben wir keinerlei Gefühl dafür, dass Jesus auch für uns ein unvorstellbar großes Opfer bringen musste und dass uns viel vergeben ist.

Da wir uns als „kleine“ Sünder fühlen, erwarten wir auch nur einen „kleinen“ Erlöser. Wir meinen, wir bräuchten nichts von Gott. Gottes Erbarmen erfüllt uns nicht mit Verwunderung, überschäumender Freude oder Liebe zu unseren Mitmenschen.

Es ist unglaublich wichtig, dass wir uns selbst ehrlich betrachten. Das tut zwar weh, aber nur so erkennen wir, wie groß die Gnade und Liebe ist, die Jesus uns entgegenbringt. Wenn der Geist Gottes uns zeigt, wie viel Jesus uns in Wirklichkeit zu vergeben hat und dass wir einen großen Erlöser brauchen, dann lässt uns die Dankbarkeit darüber vor Gott auf die Knie fallen, wieder aufspringen und vor Freude tanzen und feiern. Dann verstehen wir, vielleicht zum ersten Mal, wie wichtig, bedeutsam und aufregend ein Leben mit Jesus sein kann.

„Großer Sünder = großer Erlöser + große Freude“

Ein Becher voller Geborgenheit

*„Es fällt mir schwer,
mich bei Gott sicher zu fühlen."*

Schon viele haben mich enttäuscht. Auch Gott. Er tut oft nicht das, was ich mir von ihm wünsche. Deshalb fällt es mir schwer, ihm zu vertrauen. In gewisser Weise habe ich sogar Angst vor ihm. Ich fühle mich bei ihm einfach nicht sicher. Ich fühle mich bei niemandem sicher.

Es ist schwer, ohne Vertrauen zu leben. Und das Schlimme ist, dass ich niemanden in diese Misere einweihen kann. Schließlich weiß ich nicht, ob ich einem anderen anvertrauen kann, wie es in mir aussieht. Wer weiß, was dieser Jemand tut, wenn er mich so kennenlernt, wie ich wirklich bin?

Doch dadurch, dass ich mir das selbst eingestehe,

fühle ich mich schon etwas besser. Wahrscheinlich ist das in dieser Situation alles, was ich tun kann … oder sollte ich vielleicht beten?

Vielleicht antwortet mir Gott sogar, wenn ich ihm sage, dass er mir Angst macht und dass ich mich bei ihm nicht sicher fühle?

Als David in der Bibel etwas Ähnliches gebetet hat, hat Gott ihn erhört. Dort heißt es: „*Und als er zu ihm schrie, hörte er's.*" (Ps. 22,25) und „*Gelobt sei der Herr; denn er hat erhört die Stimme meines Flehens.*" (Ps. 28,6).

„Vielleicht wird es mir immer ein wenig schwerfallen, mich bei Gott geborgen zu fühlen, doch er erhört mich und hilft mir."

Ein Becher voller Gelegenheiten

„Hören die Probleme denn niemals auf?"

Nein. Sie werden mir weiterhin jeden Tag begegnen. Probleme im Beruf, mit meinen Kindern, mit meinem Ehepartner, mit Freunden, Verwandten, Schwiegereltern, Probleme mit meiner Gesundheit und den Finanzen.

Doch meine Probleme müssen mich nicht daran hindern, ein erfülltes, glückliches Leben zu führen. All die Hürden und Hindernisse im Alltag bringen mich dazu, wieder näher zu Jesus zu rücken, ihn besser kennenzulernen.

Probleme zwingen mich dazu, aus meiner Komfortzone herauszukommen und sind ein gutes Mittel gegen geistliche Ermüdung. Sie fordern meinen Glauben heraus und führen mich zu Gott und seinem Versprechen zurück, dass *„denen, die Gott lieben, alle Dinge zum Besten dienen, denen, die nach seinem Ratschluss berufen sind.“* (Röm. 8,28)

Natürlich freue ich mich nicht über Schwierigkeiten. Ich bin ja nicht verrückt. Aber wenn ich auf Hindernisse stoße, und das geschieht unweigerlich, dann versuche ich darin Gottes Möglichkeiten zu sehen und mich nicht so schnell zu beklagen.

„Probleme werden immer ein Teil meines Lebens sein, aber ich bin dankbar, dass ich darin die Gelegenheit zum Wachstum sehen kann.“

Ein Becher voller Stärke

„Ich würde alles dafür geben, stark zu sein."

Seltsamerweise ist meine Stärke zugleich meine Schwäche. Der Feind Gottes versucht immer wieder, mich glauben zu machen, ich könne mich voll und ganz auf meine eigene Stärke verlassen. Aber dann brauche ich ja keinen Erlöser mehr! Wenn ich mich nur auf mich selbst stütze, habe ich kein Bedürfnis mehr nach einer tiefen Begegnung mit Jesus, keinen Bedarf mehr nach Gnade oder Sündenerkenntnis. Stattdessen habe ich das starke Verlangen, dass alles so laufen muss, wie ich es will.

Das ist genau der Grund, aus dem Paulus im 2. Brief an die Korinther schreibt:

„Darum will ich mich am allerliebsten rühmen meiner Schwachheit, damit die Kraft Christi bei mir wohne." (2. Kor. 12,9)

In unseren Gemeinden spornen wir einander oft dazu an, stark zu sein. Das hat zur Folge, dass sich viele nicht geliebt oder geborgen fühlen, und auf Dauer unzugänglich werden. Wir sind nämlich alle zu sehr damit beschäftigt, unsere „geistlichen Muskeln" zu stärken.

Ich wurde einmal gefragt, welches Wort mir am passendsten erscheine, um einen Christen zu beschreiben. „Gehorsam", sagte ich. Als ich merkte, dass das nicht die gewünschte Antwort war, versuchte ich es erneut: „Wie wäre es dann mit stark? Siegreich? Alles bewältigend?"

Der Mann, der mir die Frage gestellt hatte, schüttelte nur den Kopf. „Schwach, *das* sind wir", sagte er und sah mich lächelnd an, „aber in dieser Schwachheit liegt große Stärke."

„Meine Schwäche ist meine Stärke,
denn Jesus lebt in mir.
Und er ist alles andere als schwach."

Ein Becher voller Entspanntheit

*„Es macht mich wahnsinnig,
dass ich mich immer über alles beschwere."*

Und dennoch tue ich es. Es ermüdet meinen Ehepartner und nervt meine Kinder.

Dabei mag ich es selbst doch auch nicht, wenn andere die ganze Zeit nörgeln.

Ich hab da ein Problem, das merke ich.

Wenn mein Leben davon bestimmt wird, dass ich ständig an allem und jedem herumkritisiere, dann ist das der beste Hinweis darauf, dass ich nicht mehr Jesus, sondern einen Götzen anbete.

Wenn mir mein Ehepartner, meine Kinder und meine Freunde überhaupt nichts mehr recht machen können, wenn alles meinen Zeitplan und meine Erwartungen durcheinanderbringt, dann steht mein *ICH* im Mittelpunkt meines Lebens.

Das große, verehrungswürdige *ICH* nimmt für sich in Anspruch zu wissen, wie alles zu laufen hat. Und wenn sich die Dinge nicht so entwickeln, wie das mächtige *ICH* sich das vorstellt, fängt der *ICH-A*nbeter an, sich zu beschweren. Laut und deutlich. Er sagt es jedem, der es hören oder auch nicht hören will. Daran erkennt man die Anbeter des eigenen *ICHs.*

Doch wenn mein Herz sich wieder Jesus zuwendet, beginnt die Dankbarkeit gegenüber Gott mein Leben zu bestimmen.

Wie könnte ich sonst dem „Chaos" um mich herum mit einem gelassenen Lächeln und einem verständnisvollen Blick begegnen?

Wäre es nicht schön, weniger zu kritisieren und mehr zu lächeln?

„Durch Christus kann ich Enttäuschungen und Frustrationen lächelnd und gelassen begegnen."

Ein Becher voller Früchte

„Ich bin so mit mir selbst beschäftigt."

Meine Ich-Zentriertheit – Selbstverwirklichung, Selbstgerechtigkeit, Selbstbeweihräucherung, Selbstbewusstheit – führt im schlimmsten Fall dazu, dass ich krank werde. Ich werde immer getriebener, egoistischer, angespannter und unnahbarer.

Doch wenn ich mich stattdessen darauf konzentriere, das zu verwirklichen, wozu Jesus mich berufen hat; wenn ich mich von Jesus gerecht sprechen lasse, ihm die Ehre gebe und mir seine Gegenwart in meinem Leben bewusst mache, dann macht mich das gesund. Ich werde wieder fähig, tiefen Frieden und Freude zu empfinden, unabhängig von den Umständen, in denen ich mich gerade befinde. Dadurch, dass ich meinen Blick weg von

mir selbst auf Jesus hin richte, wachsen in meinem Leben die Früchte des Geistes, die mir selbst und anderen zugutekommen: *Liebe und Freude, Frieden und Geduld, Freundlichkeit, Güte und Treue, Besonnenheit und Selbstbeherrschung* (Gal. 5).

Wie aber gelingt es mir, mich mehr auf Jesus und weniger auf mich selbst zu konzentrieren?

Ich bitte den Heiligen Geist, mich darauf aufmerksam zu machen, wenn ich in die alte Falle tappe und meine Gedanken wieder einmal nur um meine Leistung und meinen Erfolg kreisen, wenn ich mich selbst kritisiere oder mich selbst beweihräuchere.

„Wenn ich meinen Blick mehr auf Jesus richte und weniger auf mich selbst, werde ich frei.“

Ein Becher voller Fülle

„Jesus allein reicht mir nicht."

Seine Gnade, die Tatsache, dass ich durch ihn gerettet bin, und selbst seine Gegenwart in meinem Leben sind mir nicht genug. Das alles macht mich nicht glücklich. Ich will mehr. Ich möchte etwas Besonderes sein, in meinen eigenen Augen und in denen anderer. Ich will mich gut fühlen, weil ich Gott gehorsam bin und geistlich wachse, weil ich eine gute Ehe führe und Erfolg im Beruf habe, weil ich körperlich fit und attraktiv bin und weil ich einen wertvollen Dienst im Reich Gottes leiste. Ich möchte gesehen und anerkannt werden.

Ich mag es nicht, von Jesus abhängig zu sein. Ich weiß, das hört sich schrecklich an. Aber es ist wahr.

Im Grunde genommen beneide ich diejenigen, die in den Augen der Welt ein

„Niemand“ sind und die Jesus deswegen umso mehr zu schätzen wissen – so wie die Frau mit dem zweifelhaften Ruf, die Jesus die Füße salbte (Luk. 7).

Wie wäre es wohl, wenn wir so leben könnten, wie es in dem alten Kirchenlied von Edward Mote heißt: *„Mein Glaube fest sich bauen kann auf das, was Gott für mich getan“*?

Warum versuche ich immer wieder, mein Leben auf etwas anderes zu gründen als auf das, was Jesus am Kreuz für mich getan hat?

Wenn ich mich mit den Augen Jesu betrachten könnte – als einen Menschen, der immer wieder schuldig wird, dem aber vergeben ist – dann würde ich wohl nicht so schnell an Jesus vorbei auf andere Dinge schielen, die mir wichtiger erscheinen. Gottes Geist muss mir die Augen dafür öffnen, dass ich ein weitaus größerer Sünder bin, als ich es mir eingestehe. Und dass Jesus mich trotzdem mehr liebt, als ich es jemals begreifen werde.

„Wenn mir Gottes Geist meine Beschränkungen aufzeigt, wird Jesus mein Ein und Alles.“

Ein Becher voller Überraschungen

„Ich habe es aufgegeben, herausfinden zu wollen, wie ich ein reiferer Christ werden kann."

Wenn ich aus eigener Kraft heraus versuche, geistlich zu wachsen, merke ich schnell, dass das ein sinnloses Unterfangen ist. Aber wenn ich mich an Gottes Liebe und seine Gnade klammere, stelle ich nach und nach erstaunliche und überraschende Veränderungen fest:

- Ich habe nicht auf alles eine Antwort, und das ist in Ordnung so
- Ich bin gespannt, was Jesus in der Zukunft noch mit mir vorhat
- In schwierigen Situationen kann ich gelassen bleiben und sogar fröhlich sein

- Auch wenn ich viel zu tun habe, bin ich nicht gestresst
- Ich bewahre mir die Dankbarkeit Gott gegenüber inmitten von Umständen, für die kein anderer dankbar wäre
- Auch wenn alles glattläuft, habe ich Sehnsucht nach Gott und spreche mit ihm
- Ich wundere mich immer wieder darüber, dass Gott so viel Erbarmen mit mir hat

Aber die größte Überraschung von allen ist die:

„Der Geist Gottes arbeitet an mir und verändert mich, sogar ohne dass ich es bemerke."

Ein Becher voller Luft

„Das Leben fühlt sich oft so schwer an, dass ich kaum Luft bekomme.“

Jesus bietet mir an, sein Joch zu tragen, das leicht wie eine Feder ist (Mt. 11,30), und mir meine erdrückende Last abzunehmen. Sähe das Leben nicht gleich ganz anders aus, wenn die Last auf meiner Schulter leichter wäre? Ich wäre in der Lage, mich aufzurichten und frei durchzuatmen.

Wenn ich es schaffen würde, unter dem Joch von Jesus in eine schwierige Situation hineinzugehen, würde ich nicht so schnell Entscheidungen auf eigene Faust treffen, sondern ihn erst um Rat fragen. Ich würde mit weniger Druck, Angst und Frustration leben. Das wäre wunderbar.

Aber kann irgendjemand von uns ernsthaft

behaupten, dass er bereits so lebt? Ich mit Sicherheit nicht.

Doch bevor ich anfange, mich darüber zu beklagen, wie schwer meine Lasten sind und wie sehr sie mich niederdrücken, sollte ich mich fragen, ob es nicht in Wirklichkeit selbst auferlegte Lasten sind.

Das Problem ist allerdings, dass ich mir die Lasten nicht selbst wieder von den Schultern nehmen kann. Der Heilige Geist muss sie mir abnehmen, denn für mich sind sie viel zu schwer geworden. Und ich kann auch nicht einfach das Joch von Jesus ergreifen und es mir auflegen – das möchte Jesus selbst für mich tun. Warum bitte ich ihn nicht einfach darum?

„Jesus nimmt mir meine Lasten ab und trägt sie selbst."

Ein Becher voller Geduld

*„Es fühlt sich so an,
als ob Gott schweigen würde.“*

Die Gebete der anderen, so scheint es mir, werden immer beantwortet, nur meine nicht.

Außer vielleicht mit einem interesselosen Nein.

Bedeutet das nun, dass die anderen mehr Glauben haben als ich?

Sind sie vielleicht gehorsamer, näher dran an Gott, werden sie von ihm bevorzugt?

So fühlt es sich jedenfalls für mich an.

Doch wie ist es Jesus am Kreuz ergangen? Trotz seiner Verzweiflung hat sein himmlischer Vater geschwiegen. Aber Jesus hat an Gott festgehalten. Er war „gehorsam bis zum Tode, ja zum Tode am Kreuz“ (Phil. 2,8).

Er war ganz nahe an Gott dran und sicherlich von Gott geliebt.

Vielleicht halte ich Gottes Schweigen fälschlicherweise für Desinteresse oder Nichtbeachtung. Sein Schweigen ist vielleicht keine Ablehnung meiner Person, sondern eine wohlüberlegte, geduldige und auch für ihn nicht einfache Zurückweisung meiner Wünsche zu meinem Wohl. Wahrscheinlich muss ich lernen zu warten, geduldig zu sein.

Schließlich fällt nicht einmal ein Spatz vom Himmel, ohne dass Gott es weiß (Mt. 10,29). Und Gott liebt mich so viel mehr als die Spatzen.

Und auch wenn es zuweilen so aussieht, als ob Gott meine Gebete nicht hören würde, kann er mich doch lehren, mich an seinem Wort festzuhalten.

Und da steht unmissverständlich: „*Der Herr hört, wenn ich ihn anrufe.*" (Ps. 4,4)

„Oft geht es beim Glauben mehr um mein Vertrauen als um meine Gefühle."

Ein Becher voller Befreiung

„Ich mache mich abhängig von meiner Vorstellung vom Christsein. Ich liebe mein ‚siegreiches' Leben."

Es gelingt mir besser als vielen anderen, christliche Werte wie Güte, Geduld und Selbstbeherrschung einzuüben.

Ich reiße mich darum, geistliche Dienste in meiner Gemeinde zu übernehmen. Meine Bücherregale sind gut gefüllt mit christlichen Büchern. Ich finde es toll, wie regelmäßig ich in der Bibel lese. Ich bete viel und stetig. Ich höre christliche Musik und habe einen Fisch-Aufkleber am Auto. Ich kann sogar die Worte „Gott" und „Jesus" vor meinen nichtchristlichen Freunden in den Mund nehmen, ohne rot zu werden. In allem, was ich tue, bin ich ein guter Botschafter für Jesus.

Ich liebe es sehr, Christ zu sein.

Das Problem ist nur, dass ich Jesus nicht annähernd so sehr liebe. Ich bin eher in die Dinge verliebt, die mit ihm zu tun haben, als in Jesus selbst.

Religiöse Übungen sind einfacher durchzuführen, als eine innige Freundschaft mit Jesus aufzubauen.

Und doch merke ich, dass religiöse Übungen allein auf Dauer nicht ausreichen.

Vater, vergib mir, dass ich dir meine Liebe vorenthalten habe. Erbarme dich über mich, wo ich versucht habe, eine Kopie von Jesus zu sein, ohne Jesus mit einzubeziehen. Befreie mich von meiner Vorstellung vom Christsein, und hilf mir, einfach nur deinen Sohn zu lieben.

„Ich bin so dankbar, dass Jesus Abhängige liebt. Sogar solche wie mich, die süchtig nach religiösen Übungen sind."

Ein Becher voller Durchblick

„Meine Verleugnungsmechanismen halten mich gefangen."

Verdrängung und Verleugnung sind gute Freunde von mir. Ich verbringe viel Zeit mit ihnen. Sie schützen mich davor, einen ehrlichen Blick auf mich werfen zu müssen. Allerdings muss ich zugeben: Wann immer wir zusammen sind, werde ich plötzlich wetteifernd, ich vergleiche mich mit anderen, bin angespannt, freudlos und schnell verärgert. Aber ist das so verwunderlich? Wenn ich mir selbst gegenüber blind bin, fange ich an, mich zu überschätzen. So funktionieren Verdrängung und Verleugnung nun mal.

Falls es Ihnen noch nicht aufgefallen ist: Verdrängung und der Heilige Geist vertragen sich nicht miteinander.

Der Heilige Geist möchte mir einen klaren Blick auf mich selbst schenken. Er möchte mir helfen, meine Schwächen und mein Versagen zu sehen; meine Schuld und meine absolute Bedürftigkeit anzuerkennen. Denn nur wenn ich diesen Durchblick habe, suche ich Zuflucht bei Gott. Natürlich schmerzt es uns mitunter, wenn wir einen ehrlichen Blick auf uns selbst werfen. Aber es fügt uns nicht annähernd so viele Schmerzen zu, wie Verdrängung und Verleugnung es tun, und die verletzen zusätzlich noch die, die wir lieben.

Wenn ich also Verdrängung und Verleugnung die Freundschaft kündige, kann Gottes Geist mir erst so richtig zeigen, wozu er fähig ist und wie gut er sich um mich kümmert.

Ich kann die Wahrheit über mich selbst zulassen und hoffnungsvoll in die Zukunft schauen (Joh. 8,32).

*„Das Leben wird gut,
wenn Gottes Wahrheit mich frei macht.“*

Ein Becher voller Heimlichkeiten

„Ich gebe vor, demütig zu sein."

Meine Mitmenschen sehen in mir vermutlich einen demütigen, guten Christen; einen Menschen, der ein Licht ist für Jesus in dieser Welt.

Doch in Wahrheit frisst mich die Suche nach Bedeutsamkeit auf, und die Überwindung meiner Unsicherheiten nimmt so viel Kraft in Anspruch, dass ich gar keine Energie mehr habe, zur Ehre meines Schöpfers zu leben. Zur Ehre dessen, der mit seinem Sohn Jesus sein Kostbarstes für mich gegeben hat.

Leider weiß ich im Gegensatz zu meinen Mitmenschen nur zu genau, wer und wie ich wirklich bin. Ich bin voller Stolz. Ich suche nach Anerkennung. Ich finde es toll, im Lob anderer zu baden. Und insgeheim habe ich furchtbare Angst, dass ich von anderen nicht den Beifall bekomme, den ich verdient zu haben glaube. Ich befürchte, dass jemand meine geheime Motivation hinter dem, was ich tue, aufdecken könnte, dass jemand merkt, dass ich zweifle und einen schwachen Glauben habe, dass ich ein Heuchler bin, der nur sich selbst dient und niemandem sonst. Tief im Inneren schäme ich mich für mich selbst, und ich fürchte mich vor dem Tag, an dem jemand die Wahrheit herausfindet.

Aber – Gott sei Dank, der mich genau kennt und weiß, was mich antreibt. Wie Adam und Eva kann auch ich mich nicht vor Gott verstecken.

Es erstaunt mich immer wieder aufs Neue, dass Gott mich durch und durch kennt und mich trotzdem liebt und Hoffnung für mich hat:

„So zieht nun an als die Auserwählten Gottes, als die Heiligen und Geliebten, herzliches Erbarmen, Freundlichkeit, Demut, Sanftmut, Geduld.“ (Kol. 3,12)

„Gott weiß über mich Bescheid und dennoch gehöre ich zu seinen ‚Heiligen' und ‚Geliebten'.“

Ein Becher voller Zuversicht

„Ich wünschte, ich wüsste, worum es heute geht."

Ich bin versucht zu glauben, dass es am heutigen Tag einfach nur darum geht, To-Do-Listen abzuarbeiten, ein Ziel zu erreichen und vielleicht sogar etwas Tolles für Jesus zustande zu bringen.

Doch die Bibel hat eine andere und sehr klare Vorstellung von dem, was an diesem neuen Tag dran ist.

Im Evangelium des Johannes sagt Jesus seinen Nachfolgern:

„Das ist Gottes Werk, dass ihr an den glaubt, den er gesandt hat." (Joh. 6,29)

Heute und an jedem anderen Tag geht es also nicht darum, irgendetwas zu *erreichen*, sondern es geht um Zuversicht und Glauben. Es geht darum, dass ich meine Zuversicht auf Jesus setze. Es geht nicht nur darum, dass ich etwas *über* Jesus glaube, sondern dass ich *an* Jesus glaube.

Ersteres hat mehr mit dem Verstand zu tun, damit, dass wir die Grundsätze unseres christlichen Glaubens kennen und überhaupt wissen, wer Jesus ist. Doch das allein reicht nicht aus. Selbst der Teufel weiß, wer Jesus ist:

„*Du glaubst, dass nur einer Gott ist? Du tust recht daran; die Teufel glauben's auch und zittern.*" (Jak. 2,19)

Das Herzstück des Glaubens ist die kindliche Zuversicht in Gott und die Liebe zu Jesus. Wenn wir Gott vertrauen wie ein Kind seinem Vater, wenn wir uns vertrauensvoll von ihm abhängig machen und in seinen Armen zur Ruhe kommen, dann erst macht unser Tag wirklich Sinn.

„Heute, an diesem Tag, soll es um Jesus gehen und nur um Jesus allein. Ihm will ich vertrauen, ihn will ich lieben und von ihm will ich Liebe empfangen!"

Ein Becher voller Gehorsam

„Warum bin ich so besessen davon, gehorsam zu sein?“

Ich versuche, Gott jederzeit gehorsam zu sein. Wenn mir das gelingt, fühle ich mich großartig.

Im Großen und Ganzen ist dagegen ja auch nichts einzuwenden. Doch mitunter sollten diejenigen, die geradezu zwanghaft gehorsam sein wollen, ihre Motivation hinterfragen. Ist da nicht oft auch ein wenig Selbstgerechtigkeit mit im Spiel?

Es ist nicht ungefährlich, wenn ich die Dinge danach beurteile, welche Gefühle sie in mir auslösen. Gott in dem gehorsam zu sein, was ich tue, ist wichtig. Doch ich sollte viel eher mein Augenmerk darauf richten, wo ich versuche, meine Unabhängigkeit von Gott zu erreichen. Dieser Unab-

hängigkeitsdrang wird manchmal durch meine offene Rebellion gegenüber Gott, viel eher aber durch meine gut versteckte Selbstgerechtigkeit ausgelöst. Wenn ich merke, dass ich mich übermäßig getrieben fühle, Gott gehorsam zu sein, sollte ich meine Motivation unter die Lupe nehmen ... gehorsam zu handeln bedeutet nicht unbedingt, dass ich Gott auch innerlich gehorsam bin und ihn Herr sein lasse über meine Wünsche, Ängste und Sehnsüchte.

Authentischer, dankbarer Gehorsam erwächst aus Gottes Liebe zu mir. Gott möchte nicht, dass ich wie ein ferngesteuerter Roboter pflichtbesessen seine Gebote halte und mich dabei auch noch in meiner Gerechtigkeit sonne. Er möchte, dass ich ihm aus einem fröhlichen Herzen heraus gehorche.

„Sobald ich mich mehr auf die Dankbarkeit gegenüber Gott als auf mein Verhalten konzentriere, entspringt der Gehorsam aus einem fröhlichen Herzen, das von Gottes Liebe erfüllt ist."

Ein Becher voller Genügsamkeit

„Ich bin süchtig danach, mich überlegen zu fühlen."

Meine unwillkürliche Reaktion auf viele Situationen im Leben ist erst einmal die, dass ich mich davon überzeuge, anderen überlegen zu sein.

Ich entdecke gerne die Achillesferse, das Defizit bei den Menschen um mich herum: darin, wie sie sich kleiden, reden, gehen, Auto fahren, ihre Wohnung einrichten, ihr Geld anlegen, wie sie glauben und vieles mehr. Auf Gruppenfotos positioniere ich mich strategisch so, dass ich neben einem kleinen Mann stehe und selbst größer aussehe. Wie er sich wohl dabei fühlt?

Eigentlich weiß ich es ja besser. Ich weiß, dass ich andere mit gnädigen Augen betrachten und mich nicht vergleichen sollte. Und tief in mir drin möchte ich ja auch viel lieber gütig als kritisch sein. Aber gütig zu sein gehört nicht gerade zu meinen leichtesten Übungen.

Manchmal gelingt es mir allerdings, Güte und Annahme zu heucheln. Das ist dann so, als würde ich jemandem großzügig das letzte Stück Kuchen überlassen, das ich aber ohnehin nicht mehr wollte.

Ich habe die Erfahrung gemacht: Echte Gnade und Güte kann ich anderen Menschen nur dann entgegenbringen, wenn Gottes Geist in mir am Werk ist und mich demütig macht. Diese Momente authentischer Demut sind so kostbar, so befreiend und so viel besser als meine Süchte.

„Gott kann durch seinen Geist die Stimmen
in mir zum Schweigen bringen,
die unablässig flüstern:
Sei, arbeite, lebe, besitze,
mach's besser als alle anderen.
Er kann mir echte Genügsamkeit schenken."

Ein Becher voller Gelassenheit

„Erfolg und Niederlage sind sich wiederholende, zermürbende Themen in meinem Leben."

Ich glaube mehr und mehr, dass Erfolge in unserer Welt überbewertet und Niederlagen zu stark problematisiert werden. Der Teufel freut sich darüber, wenn ich so von dem Streben nach gesellschaftlichem Erfolg beseelt bin, dass ich vergesse, dass ich eigentlich schon alles erreicht habe. Schließlich bin ich ein Kind des höchsten Königs. Er freut sich auch, wenn ich mich so sehr von der Angst vor Fehlern lähmen lasse, dass ich darüber die Begeisterung für ein abenteuerliches, zu Wagnissen bereites Leben an der Hand Jesu verliere.

Das Interessante ist: Je weniger ich mich von Erfolg oder Niederlage abhängig mache, desto gelassener, ja sogar ausgelassener kann ich für Gott leben und desto wahrscheinlicher ist es, dass ich im Leben meiner Mitmenschen tatsächlich einen Unterschied mache … einen Unterschied, der letztendlich weit über meine begrenzten Kategorisierungen wie Erfolg oder Misserfolg hinausgeht.

„Wenn ich meinen Blick auf Jesus richte
und nicht auf meine Leistung,
denke ich nicht mehr in Kategorien
wie Niederlage oder Erfolg,
sondern wende mich anderen Menschen einfach
zu und diene ihnen."

Ein Becher voller Mut

„Die Angst ist mein ständiger Begleiter."

Ich mache mir Sorgen um meine Kinder, meinen Beruf, meine Ehe, meine Gesundheit, meinen Ruf und mein Leben. Ich fürchte mich vor dem Tod. Und ich fürchte Gott – und das nicht im Sinne von Ehrfurcht.

Ich kann meine Angst um alles und jeden einfach nicht abstellen. Vielleicht ist das so, weil ich Gott nicht vertraue.

Ich bin nicht der Einzige, dem es so geht. Schon kurz nachdem Adam und Eva Gott ungehorsam geworden waren, zog die Angst in ihr Leben ein. Danach kam die Scham – ein Begleiter, den auch ich gut kenne. Sogar der Apostel Petrus hat sich gefürchtet. Er hatte Todesangst bei

dem Versuch, auf dem Wasser zu laufen – obwohl Jesus ganz nah bei ihm war.

Ich will keine Angst mehr haben. Aber es gelingt mir nicht aus eigener Kraft, mich davon zu befreien.

Was kann ich also tun?

Ich kann mit meinen Ängsten und Befürchtungen zu Jesus gehen.

Ich kann um Hilfe schreien, so wie Petrus es auf dem See Genezareth getan hat.

Ich erlebe es als große Erleichterung, meine Ängste offenzulegen. Das ist schon mal ein guter erster Schritt auf dem Weg zur Besserung.

Natürlich ist es damit nicht getan. Ich bitte den Heiligen Geist, in mir den Glauben an das zu wecken, was uns Gott im 1.Brief des Johannes verspricht:

„Ja, wenn die Liebe uns ganz erfüllt, vertreibt sie sogar die Angst.“ (1. Joh. 4,18)

Ein Becher voller Realitätssinn

„Meine Begrenzungen stören mich."

Es ist wichtig, dass ich meine Begrenzungen wahrnehme und akzeptiere. Das mag bei vielen von uns Verwunderung oder Ablehnung hervorrufen, denn in der Gesellschaft und auch in unseren Gemeinden wird uns oft etwas anderes vermittelt. Aber ich bin es leid, die Wahrheit zu verleugnen. Ja, ich habe meine Begrenzungen und Einschränkungen. Wir alle haben sie. Wir sind Menschen.

Gott weiß um diese Grenzen und erwartet sie sogar. Der Psalmbeter schreibt im 103. Psalm:

„Denn er weiß, was für ein Gebilde wir sind; er gedenkt daran, dass wir Staub sind." (Ps. 103,14)

Wenn Gott mich so gut kennt und ohnehin über meine Geheimnisse Bescheid weiß, dann ist es doch eigentlich nur recht und billig, dass ich selbst meine Begrenzungen auch beim Namen nenne und sie akzeptiere. Wie wäre es, wenn ich mich sogar über meine Defizite freuen würde, weil sie mich dazu treiben, mit meiner Bedürftigkeit zu Gott zu kommen!?

Es tut so gut, mir nichts mehr über mich selbst vormachen zu müssen, sondern lernen zu dürfen, mit meinen Einschränkungen zu leben.

Ich weiß, einige werden jetzt sagen, das sei nur eine faule Ausrede für etwas, wo ich schlichtweg versage. Natürlich gehören meine Defizite zu den Gründen, aus denen ich Fehler mache. Aber ich entschuldige mich nicht damit.

Warum nur können wir uns selbst und auch einander nicht mit dem Erbarmen betrachten, das Jesus uns entgegenbringt? Warum können wir nicht ehrlich zu unseren Begrenzungen stehen? Möge die Gnade, die Jesus uns schenkt, uns dazu fähig machen.

„Begrenzungen gehören zu uns und zu unserer gefallenen Welt dazu, doch Jesus weiß darum und liebt uns dennoch."

Ein Becher voller Akzeptanz

„Ich kann Kritik nur schwer ertragen."

Vieles in meinem Leben dreht sich darum, Kritik zu vermeiden. Ich hasse es, wenn ich kritisiert werde, und fühle mich dadurch gedemütigt. Weil ich mit Kritik nicht umgehen kann, haben alle möglichen ungesunden Verhaltensweisen in meinem Leben Einzug gehalten: Ich habe mir unbequeme Klamotten gekauft, die Begegnung mit bestimmten Leuten vermieden, mich anderer Leute Meinung angeschlossen, Essen gegessen, das ich eigentlich gar nicht mag, langweilige Bücher gelesen und mir die Zähne bleichen lassen. Und das alles nur, um nicht anders zu sein als die meisten. Um nicht kritisiert zu werden. Ich habe sogar schon viele Straßen von meinem eigentlichen Ziel entfernt

geparkt, nur damit die Leute nicht mein dreckiges Auto sehen.

Mit der Zeit habe ich allerdings gelernt, dass ich nur dann irgendetwas als eine Demütigung empfinde, wenn mir meine Selbstachtung wichtiger ist als Jesus. Je mehr ich Jesus vertraue, dass ich sein geliebter und wertgeschätzter Freund bin, desto weniger trifft mich Kritik existenziell. Wenn mir mein Ansehen nach und nach unwichtig wird, verlieren Spott und Scham ihre Kraft über mich.

Ja, kritisiert mich nur, verhöhnt mich, lacht über mich, bemitleidet mich, beurteilt mich, wendet euch von mir ab, ignoriert mich! Jesus liebt mich, das weiß ich.

„Jesus befreit uns von der Macht der Kritik und von ihrem hässlichen Bruder, dem Spott.“

Ein Becher voller Ordnung

„Ich brauche Ordnung in meinem Leben."

Ordnung ist mir wichtig – und das ist eigentlich noch untertrieben. Ich verbringe meine Tage in einem aussichtlosen Kampf, mich dem Chaos entgegenzustellen und Ordnung zu schaffen. Wenn ich mir so anschaue, wogegen ich da kämpfen muss, ist es kein Wunder, dass ich nicht erfolgreicher bin. Wenn Sie mal einen Blick in den Kleiderschrank meiner Frau geworfen hätten, wüssten Sie, wovon ich spreche. Und wenn ich Ihnen meinen Terminkalender mit all den Zeitplänen und Fristen zeigen würde, dann wäre Ihnen sofort klar, warum ich mich so sehr um eine gewisse Ordnung bemühe.

Ich versuche krampfhaft, meine Welt „sauber und ordentlich" zu halten, denn ich brauche das.

Dennoch bleibt Gott der Schöpfer aller Ordnung, nicht ich. In ihm finde ich eine Ordnung, nicht in dem, wie ich mein Leben organisiere. Allein die Tatsache, dass ich keine Ordnung in meinem Leben erkennen kann, bedeutet noch lange nicht, dass sie nicht vorhanden ist. Das habe ich mittlerweile begriffen (leider musste ich es auf die harte Tour lernen). Vielleicht sind die Dinge einfach nur anders geordnet, als ich mir das vorstelle.

Sogar das Chaos in meinem Leben wird noch durch die Hand meines himmlischen Vaters geordnet, der zuweilen selbst wie ein Wirbelsturm sein kann. Ein guter Wirbelsturm, der mich durch den Strudel des Lebens etwas lehren möchte: mich an Jesus festzuhalten.

Ist darin nicht letztlich alle Ordnung verborgen?

„Gottes geheimnisvolle Ordnung zeigt sich oft mitten im Chaos unseres Lebens.“

Ein Becher voller Wahrheit

„Ich zerbreche mir den Kopf
über die Wahrheit."

Viele von uns verbringen ihr Leben damit, allem auf den Grund zu gehen und nach der Wahrheit zu suchen. Oft sind wir geradezu besessen davon, alles verstehen zu wollen. Wir haben die Lüge der Wissenschaft geglaubt, dass sich die Realität auf unsere fünf Sinne beschränkt. Für uns ist Wahrheit die Summe der nachprüfbaren Fakten. Wenn wir also alle Fakten kennen und alle Informationen haben, so glauben wir auch die Wahrheit zu kennen.

Diese Einstellung kann einem manchmal ganz schön auf die Nerven gehen. Genießen Sie es auch so sehr wie ich, wenn Sie bei einer Feier neben jemandem sitzen, der sich wichtigmacht, immer alles besser weiß und die Meinung anderer nicht gelten lässt?

Oder wie ist es im Hauskreis, in der Bibelstunde oder bei einem Gemeindeseminar, wo es immer jemanden gibt, der auf alle Fragen eine Antwort hat? Manchmal kann einen das ziemlich einschüchtern.

Viele von uns haben, fürchte ich, das reine *Wissen* mit der *Wahrheit* verwechselt. Aber die Wahrheit besteht nicht nur aus Wissen. Die Wahrheit ist eine lebendige Person, Jesus Christus:

„Jesus spricht: Ich bin der Weg und die Wahrheit und das Leben; niemand kommt zum Vater denn durch mich." (Joh. 14,6)

Ich kann also aufhören, mir den Kopf zu zerbrechen und mir Gedanken darüber zu machen, ob ich auch wirklich alle Fakten berücksichtigt habe. Ich kann es mir leisten, auch mal im Unrecht zu sein. Ich muss an bestimmten Meinungen nicht um jeden Preis festhalten und kann zugeben, wenn ich mich geirrt habe.

„Ich kann mir verschiedene Vorstellungen von der Wahrheit gelassen anhören ... denn die absolute Wahrheit ist lebendig und hat einen Namen – Jesus Christus."

Ein Becher voller göttlicher Vorsehung

„Ich habe nicht das Gefühl, dass denen, die Gott lieben, alle Dinge zum Besten dienen."

Das ist zwar das, was uns im Römerbrief (8,28) gesagt wird, aber ich bin mir da nicht immer so sicher. Die letzten verständlichen Worte, die ich meine Großmutter sagen hörte, waren „Gott ist gut". Das war kurz vor einer schwierigen Hirnoperation, bei der ihr Gehirn solchen Schaden nahm, dass sie die letzten neun Jahre ihres Lebens damit verbrachte, anteilslos in ihrem Zimmer zu sitzen und die Wände anzustarren.

Und ich erinnere mich auch daran, wie ich meinen Großvater, einen leidenschaftlichen Bibelschullehrer und Pastor, in seinen späten Jahren im Pflegeheim besuchte. Er konnte sich nicht mehr orientieren und saß zusammengesunken auf einem

Stuhl, an den man ihn zu seiner eigenen Sicherheit festgebunden hatte.

Über seinem Kopf an der Wand hing, etwas schief, ein Schild mit eben jenem Bibelvers aus Römer 8,28.

Ich erinnere mich noch, wie ich das Schild geraderückte und meinen Kopf schüttelte.

Ja, ich weiß, dass das „*Beste*" bedeutet, dass Gott uns Jesus immer ähnlicher machen will. Aber das hilft mir nicht, mich in solchen Situationen besser zu fühlen.

Ich weiß auch, dass es nicht von meinem Glauben abhängt, dass Gott sein Versprechen wahr macht.

Und ich muss auch nicht die Art und Weise verstehen, wie Gott die Welt regiert. Gott ist nicht auf meine Zustimmung angewiesen. Gott ist souverän. Ich werde niemals alles verstehen, was er tut. Doch das hindert Gott nicht daran, mich, wie meine Großeltern auch, als sein Kind zu lieben.

„Selbst wenn ich verwirrt und zornig vor Gott stehe, mit geballten Fäusten, – er lässt mich nicht los und verwandelt das, was mir passiert, am Ende zu meinem Besten."

Ein Becher voller Loslassen

„Ich klammere mich verzweifelt an mein Selbstwertgefühl."

Unsere Kultur suggeriert uns, dass es wichtig ist, sich gut zu fühlen. Die Werbung vermittelt uns diese Botschaft oft unterschwellig und trifft dabei einen wunden Punkt: wir sehnen uns danach, ein starkes und gesundes Selbstwertgefühl zu besitzen, ganz unabhängig von Jesus.

Ich weiß vom Kopf her, dass ich als Gottes Ebenbild geschaffen bin und dass ich als sein Kind große Würde besitze. Jeder Mensch ist wertvoll. Doch das ist etwas ganz anderes als das, was unsere Gesellschaft meint, wenn von Selbstwert die Rede ist. In unserer Kultur ist gesunder Selbstwert durch Selbstverehrung ersetzt worden.

Wie kann ich das eine

vom anderen unterscheiden? Wie merke ich, wann sich ein gottgewolltes Selbstwertgefühl in Egozentrik und eine Verehrung unserer selbst verwandelt?

Erste Hinweise darauf finde ich, wenn ich meine Freude und meinen Frieden verliere, sobald die Dinge nicht so laufen, wie ich es gerne hätte. Wenn mir die Bibel nichts mehr sagt, wenn ich Gottesdienste langweilig finde, wenn ich nichts mehr von Jesus erwarte. Wenn ich mich nicht mehr um das Wohl anderer bemühe, wenn ich mich schnell über alles Mögliche ärgere und frustriert bin, wenn ich nicht mehr bereit bin, zu vergeben.

Der Respekt für uns selbst, ein gesundes Selbstwertgefühl – das hat seinen Platz in unserem Leben. Aber wenn ich nur noch meinem Selbstwertgefühl diene anstatt Gott, dann ist das schlichtweg eine Verschwendung meiner Lebenszeit.

Es ist so viel besser, wenn wir unsere Augen auf Jesus richten, wie es in einem Kirchenlied heißt:

„Schaue auf Jesus, in sein wundervolles Angesicht, und das, was du für wichtig hältst, verblasst auf seltsame Weise im Licht seiner Herrlichkeit und Gnade."

Ein Becher voller Schutz

„Ich werde das nicht mehr einfach so hinnehmen!“

Ich habe diese lieben Geschwister im Herrn so satt, die mir immerzu meine Sünden vor Augen halten. Natürlich tun sie das nicht so, dass es auf den ersten Blick offensichtlich wäre. Sie gehen subtiler vor, bitten in Gebetsgemeinschaften für mich oder tauschen sich hinter meinem Rücken aus, wie besorgt sie meinetwegen sind.

Ich bin nicht erstaunt über die Ablehnung, die Geringschätzung, die Verurteilung, die mir von Seiten meiner Geschwister entgegenschlägt. Ich habe mich ja selbst verdammt, weil ich schuldig geworden bin. Ich bin ein Heuchler. Durch mein Fehlverhalten habe ich andere verletzt, und das tut

mir leid. Aber auch wenn es den anderen nicht gefällt: Jesus stößt mich nicht zurück, er verachtet und verurteilt mich nicht. Er hat mir vergeben, so wie David es in Psalm 103 ausdrückt:

„So fern der Morgen ist vom Abend, lässt er unsre Übertretungen von uns sein." (V.12)

Ja, Gottes Gnade ist mein Schutzschild gegen all die, die mich mit ihren Anklagen treffen wollen. Ich bin Gott so dankbar, dass er mir vergeben hat. Und ich bete darum, dass er mir hilft, denen zu vergeben, die mir die Annahme und Liebe verweigern, die er mir längst geschenkt hat. Ich weiß, dass meine Verfehlungen ein Grund zu trauern sind, aber …

„… meine Sünden sollten nicht der Grund für Selbstverdammnis und Scham sein, denn Jesus hat mir vergeben und er lebt in mir."

Ein Becher voll geistiger Gesundheit

„Manchmal glaube ich, dass ich verrückt bin."

Ich werde ganz unsicher, wenn ich daran denke, was andere vielleicht über mich reden könnten. Ich mag es nicht, wie alle plötzlich still werden, wenn ich den Raum betrete. Meine Frau sagt mir, dass ich mir das alles nur einbilde. Und dennoch mache ich mir die ganze Zeit Sorgen darüber, was andere über mich denken, wie sie mir begegnen oder welche Gefühle sie in mir auslösen.

In den Zeiten, in denen es mir gleichgültig ist, was die anderen denken könnten, fühle ich mich endlich wieder gesund und klar im Kopf. In diesen Momenten ist es mir egal, ob andere meiner Meinung sind, wie sie meine Vorschläge aufnehmen, ob sie mich cool finden oder mich eher be-

mitleiden. Wenn ich klar im Kopf bin, ist mir nicht nur gleichgültig, wie andere mich sehen – es ist mir sogar egal, welche Meinung ich selbst von mir habe!

Wenn es mir am wichtigsten ist, was Gott von mir denkt, wird Selbstannahme oder die Haltung anderer mir gegenüber unwichtig. In diesen Zeiten flüstert mir Gottes Geist zu, wie sehr ich von Gott geliebt bin – ganz gleich, was irgendwer irgendwo irgendwann über mich denken mag.

„Wenn Jesus mein Gravitationszentrum wird, wenn ich um ihn kreise, fühle ich mich nicht nur weniger verrückt, sondern ich kann mich auch gelassen den Meinungen anderer aussetzen."

Ein Becher voller Hingabe

„Ich wage nicht zu glauben, dass Gott mich wirklich so sehr liebt, wie er es tut."

Wieso um alles in der Welt steht Gott so unerschütterlich zu mir? Ganz gleich, ob ich schuldig werde, mich von ihm abwende, meine Kinder, meinen Ehepartner oder meine Nachbarn ungerecht behandle, ob ich seinen Namen in den Dreck ziehe … er liebt mich.

Die unglaubliche Tiefe und Größe von Gottes Erbarmen erstaunt mich immer wieder. Ich kann eigentlich kaum glauben, dass Jesus nicht aufhört, mich zu lieben, und dass er mich niemals verlässt. Bin ich wirklich so wertvoll für ihn? Ist Gnade wirklich etwas so Wundervolles?

Wenn ich daran denke, wie sehr ich meine eigenen

Kinder liebe, bekomme ich eine bessere Vorstellung davon, was es mit Gottes Liebe zu mir auf sich hat.

Natürlich ärgere ich mich immer wieder über meine Kinder und bin auch öfter mal von ihrem Verhalten enttäuscht, aber ich höre nie auf, sie zu lieben, keine einzige Sekunde lang. Nichts, was sie tun könnten, wird jemals etwas daran ändern, dass sie meine Kinder sind und bleiben.

„Ich danke Gott, dass er mir Liebe für andere Menschen schenkt – als kleines Abbild dafür, wie groß und beständig seine Liebe zu mir ist!"

Ein Becher voller Wegweisung

„Das Leben kann so verwirrend sein."

Ich hätte gerne ein paar große flache Trittsteine, auf denen ich sicher durch den wilden Fluss des Lebens gehen kann. Die schnelle Strömung meines Alltags droht, mich mit sich fortzureißen.

Wenn es mir doch nur gelänge, mich jeden Morgen nach dem Aufwachen auf die Versprechen Gottes zu stellen wie auf Trittsteine im Fluss, dann würden sie mich durch das Chaos meines Lebens leiten. Wie anders würde mein Tag verlaufen, wenn ich …

1. mich immer wieder daran erinnern ließe, wie sehr ich Gott, den heiligen Gott, brauche
2. meine Sünde eingestehen und mich nach Gottes Gnade ausstrecken würde

3. akzeptieren könnte, dass ich menschlich bin und Fehler mache, aber dass Gott mir das niemals vorhält
4. Gott mein Herz öffnete, um ihn besser kennenzulernen
5. anderen mit dankbarem Herzen dienen könnte

„Diese fünf Trittsteine des Glaubens führen mich sicher über die Stromschnellen des Alltags. Und Jesus, der Tröster, geht mir voraus."

Ein Becher voller Stille

„Lärm hilft, mir Gott vom Leib zu halten.“

Ich liebe Lärm. Sobald ich das Auto anlasse, schalte ich das Radio ein. Mein Fernseher läuft die ganze Zeit nebenbei, wenn ich zu Hause bin. Die ständige Geräuschkulisse verhindert, dass mein Kopf und mein Herz Kontakt zueinander aufnehmen. Was sie über mich aussagen würden, wäre mir sowieso unangenehm. Es würde mich nur noch mehr Kraft kosten, das, was sie sagen, zu leugnen oder wegzuerklären.

Außerdem – was würde passieren, wenn all die Geräusche nicht mehr da wären?

Würde Gott dann nicht stattdessen schreien? Würde er mich dann nicht dazu auffordern, besser für ihn zu arbeiten und mehr – immer mehr?

Aber was wäre, wenn

Gott mir in der Stille, wenn alle Nebengeräusche verstummen, zuflüstern würde: „Alles ist gut. Ich liebe dich so, wie du bist!“?

Was, wenn er einfach nur in der Stille Zeit mit mir verbringen will?

„Gott freut sich, in der Stille Gemeinschaft mit mir zu haben und mit mir zu reden.“

Ein Becher voller Bedürftigkeit

„Es fühlt sich für mich falsch und nicht christlich genug an, zuzugeben, dass ich bedürftig bin. Ich lehne mich dagegen auf."

Ich habe es schon öfter gesagt: Ich will stark sein, nicht schwach. Ich prahle gerne mit meinen geistlichen Erfolgen – dass ich verlässlich bin und meine Versprechen einhalte, dass ich anständig und entschlossen bin. Ich will mich kraftvoll und kompetent fühlen und geistlich so viel „drauf" haben wie meine Helden des Alten und Neuen Testamentes.

Wenn ich wieder daran erinnert werde, dass die wichtigste Botschaft des Evangeliums meine Bedürftigkeit vor Gott ist, die ich anerkennen muss und die sich auch zu meinen Lebzeiten nicht mehr ändern wird – dann erschreckt mich das.

Mir gefällt nicht, wie sich das anhört. Ich würde das Evangelium, die Gute Nachricht, lieber als Wegweiser zum endgültigen „Sieg über die Sünde“ und über all meine kleinen und großen Alltagsprobleme sehen. „Gut“ ist eine Nachricht für mich nur dann, wenn sie mir Kraft und Macht verspricht.

Aber könnte es sein, dass das Evangelium mich in Wirklichkeit dazu bringen will, meine Ohnmacht und Bedürftigkeit zu akzeptieren? Dann könnte ich ja damit aufhören, in ständiger Konkurrenz zu anderen zu leben. Ich könnte damit beginnen, ehrlich zu werden. Ich würde endlich Ruhe finden.

Was für eine große Erleichterung wäre das!

„Wenn ich meine Bedürftigkeit annehme, kann ich in Gottes kraftvoller Gegenwart zur Ruhe kommen.“

Ein Becher voller Gemeinschaft

„Ich strenge mich mehr und mehr an und dabei fühle ich mich immer einsamer."

Meinen Freunden geht es genauso. Irgendetwas läuft schief bei uns Christen. Natürlich sind wir von Gott dazu berufen, „gut zu laufen" (Gal. 5,7), doch wir sind eher zu Sprintern geworden, von denen jeder in seiner eigenen Bahn läuft. Unsere „geistlichen" Beine schmerzen, unsere Kehlen sind vollkommen ausgetrocknet und wir haben Wadenkrämpfe. Und dennoch treiben wir uns in unseren Gemeinden immer weiter an – noch mehr Treffen, noch mehr Evangelisation, noch mehr Bibellesen. Mehr, immer mehr.

Ich habe das Gefühl, dass ich in diesem „geistlichen Sport" schon jenseits meiner Belastungsgrenze angekommen bin. Anstatt mich vom

Heiligen Geist auf meiner Lebensreise begleiten zu lassen, laufe ich ihm weit voraus. Wenn ich aber mehr von mir verlange, als der Heilige Geist mir ermöglicht, dann kann ich geistlich gesehen nicht die Frucht bringen, die er mir schenken möchte. Und das ist genau das, was ich dann auch in meinem Leben zu spüren bekomme. Ich bin zu erschöpft, um Früchte des Geistes wie Liebe, Freude, Frieden, Geduld und andere mehr hervorzubringen. Doch die Früchte sind letztlich das, was zählt. Sie sind wichtiger als meine Leistung oder das richtige Verhalten.

Ich bin dazu berufen, mich vom Heiligen Geist *führen* zu lassen (Röm. 8,14) und nicht, ihm vorauszulaufen! Gott schenkt mir Zeiten, in denen ich zur Ruhe kommen und auf seine Gnade warten kann. Und er schenkt mir die Weisheit, den richtigen Zeitpunkt dazu zu erkennen.

„Danke, Herr, dass du mein Gefährte bist und an meiner Seite bleibst. Ich will nicht ohne dich laufen."

Ein Becher voller Heiligkeit

„Ich fühle einen ungeheuren Druck, immer perfekt sein zu müssen."

Perfektion wird heutzutage häufig mit hervorragender Qualität, mit Exzellenz und einem gewissen Standard im Geschäftsleben, in der akademischen Welt, im Sport und auch in der christlichen Welt verwechselt.

Können und Exzellenz sind definitiv wichtig. Ich vertraue mich am liebsten einem exzellenten Chirurgen und einem hervorragenden Piloten an, und ich bin sehr froh, eine Frau zu haben, die viele herausragende Fähigkeiten besitzt.

Aber wenn ich von Können und Perfektion ganz vereinnahmt werde, dann kann das gefährlich werden und in Perfektionismus umschlagen. Perfektionismus aber ist etwas, das uns von Gott trennt. Unser Stolz verlangt perfekte Beziehungen, perfekte berufliche Laufbahnen, perfekte Familien. Aber unsere überzogenen Erwartungen zerstören letztlich alles.

Wird der Hang zum Perfektionismus nicht durch eine ehrliche Einschätzung unserer menschlichen Defizite, Begrenzungen und fehlerhaften Verhaltensweisen im Zaum gehalten, so werden wir mit der Zeit mehr und mehr enttäuscht, verärgert und deprimiert.

Das ist nicht das Leben, wie es sich unser Erlöser (der wirklich perfekt ist) für uns vorgestellt hat.

Jesus lädt mich ein, in der befreienden Kraft der Demut zu leben, die ohne Perfektionismus auskommt. Demut ist ein Zeichen dafür, dass der Heilige Geist in mir am Werk ist. Er hüllt mich in *seine* Perfektion, als wäre es meine eigene. Und so werde ich makellos und heilig in den Augen meines Gottes.

„Ich darf mich entspannen, weil ich in Gottes Augen durch das, was Jesus für mich getan hat, schon perfekt bin.“

Ein Becher voller Glück

„Wenn das Leben bloß leichter wäre, dann könnte ich glücklich sein."

Leichtigkeit und Glück – besteht da ein Zusammenhang?

Schon oft habe ich diese Lüge geglaubt und sie nicht hinterfragt. Doch solange ich davon überzeugt bin, dass mich ein leichtes Leben glücklich macht, bleibt das Glück für mich unerreichbar.

Die ganze Welt möchte ein unbeschwertes, lockeres, leichtes Leben haben. Dass das möglich ist, wird uns in den Medien, vor allem in den Werbespots im Fernsehen, suggeriert. Sie wissen schon, diejenigen Werbungen, die uns versprechen, dass Geld und Erfolg, Unabhängigkeit, Gesundheit und Fitness das Leben leichter und deshalb glücklicher machen.

Natürlich bringt uns Leiden nicht unbedingt Glück, und gegen Gesundheit, die uns das Leben erleichtert, ist ja nichts einzuwenden.

Aber Glück hängt genauso wenig von einem *leichten* Leben ab, wie es durch Geld, Erfolg oder auch noblere Dinge wie Verzicht erreicht werden kann.

Glück ist sowieso nicht das höchste Lebensziel.

Natürlich ist es schön, glücklich zu sein. Daran gibt es nichts auszusetzen. Wir müssen uns nur immer wieder bewusst machen, worin unser wahres Glück besteht.

„Wahres Glück ist die tiefe Freude an Jesus."

Ein Becher voller Zufriedenheit

„Ich kann schlecht mit Ärger umgehen."

Ich bin sehr oft und auf fast jeden wütend. Das verschafft mir Genugtuung – ich fühle mich im Recht, überlegen, fast gottgleich. Natürlich, manchmal ist es mir auch peinlich, wenn ich wütend geworden bin, wenn ich einen Gefühlsausbruch hatte und anderen mehr von mir offenbart habe, als mir lieb war.

Wut nährt sich aus Enttäuschungen, und davon gibt es im Leben viele.

Wir sind enttäuscht, wenn die Dinge nicht so laufen, wie wir es gerne hätten. Unser Stolz wird verletzt. Ich möchte, dass sich das Leben nach meinen Wünschen richtet. Wenn es das nicht tut, sucht sich mein Ärger ein Ventil nach draußen oder er richtet sich nach innen und ich werde launisch, deprimiert und unglücklich.

Ich wünschte, ich könnte ehrlich sagen, dass ich nur ärgerlich werde, wenn ich sehe, dass andere ungerecht behandelt werden, oder dass mein Ärger eher ein gerechtfertigter Zorn ist.

Leider ist mein Zorn alles andere als gerechtfertigt, weil ich selbst alles andere als gerecht bin – außer *selbstgerecht* vielleicht.

Was wäre, wenn ich Gott vertrauen könnte, dass er die Geschicke der Welt und auch mein Leben richtig und gut leitet? Würde sich dann mein Ärger nur auf den Verursacher alles Bösen, den Teufel, richten? Wäre es mir möglich, Enttäuschungen hinzunehmen, ohne gleich wütend die Faust zu ballen?

„Wenn ich glaube, dass Gott die Welt immer noch in seinen Händen hält, löst sich die Wut, die mich auffressen will, langsam auf."

Ein Becher voller Leben

„*Ich frage mich, wie das Leben als Christ eigentlich gedacht ist.*“

Christen, die noch etwas unreif im Glauben sind, machen sich vor, dass es leicht ist, ein guter Christ zu werden – man muss sich eben nur etwas mehr anstrengen. Ich kann diese Geschwister oft an ihren nervösen Ticks und ihren langen Haaren erkennen, an denen sie sich selbst immer wieder aus dem Sumpf ziehen. Sie schlucken eine Menge Aspirin und sind keine angenehme Gesellschaft.

Christen, die aus diesem Traum bereits erwacht sind, sind sich nicht mehr sicher, ob christliches Leben so funktioniert. Sie haben alles versucht und sich sehr angestrengt, nur um herauszufinden, dass sie dadurch keine besseren Christen geworden sind. Sie haben tiefe Augenringe und blicken oft starr vor sich hin.

Reife Christen haben die Erfahrung gemacht, dass ihr christliches Leben eine Katastrophe wird, wenn sie nicht endlich zur Seite treten. Sie haben es aufgegeben, bessere Christen werden zu wollen. Die Wirklichkeit und die Umstände des Lebens haben ihnen bereits Narben zugefügt, aber nun wissen sie, dass das Leben als Christ sich nur durch die Kraft des Heiligen Geistes bewältigen lässt. Gottes Geist, der in ihnen wohnt, muss dieses Leben leben, nicht sie selbst. Manchmal sehe ich diese Leute tanzen. Sie lächeln viel, lachen mehr und sind weniger verkrampft. Sie geben den Weg frei für Gott, Jesus und den Heiligen Geist.

„Schwierigkeiten und Versagen,
Gnade und Freude …
das macht das Leben eines Christen aus."

Ein Becher voller Erlösung

„Die Konsequenzen meiner Schuld sind zutiefst beunruhigend."

Wie ein großer Stein, der in einen Teich geworfen wird, so sendet unsere Sünde ihre Wellen nach allen Richtungen aus, und es vergeht viel Zeit, bis sich das Wasser wieder geglättet hat. Ich habe meine Freunde enttäuscht, die verletzt, die mich lieben, andere in unangenehme Situationen gebracht und Verhaltensweisen an den Tag gelegt, die meine Kinder hoffentlich nie nachahmen werden.

Die Folgen meiner Sünden holen mich immer wieder ein.

Aber ich darf auf Gottes Größe vertrauen. Derselbe Gott, der mir Vergebung gewährt und seine Gnade schenkt, kann auch an den Konsequenzen meiner

Schuld etwas ändern. Das ist sein tägliches „Geschäft". Er kann aus dem, was ursprünglich schlecht war, etwas Gutes machen. Darin ist er wirklich gut.

Sie sind sich noch unsicher, ob das tatsächlich zutrifft?

Rufen wir uns das beste und gleichzeitig extremste Beispiel in Erinnerung: die Konsequenz unserer menschlichen Schuld war die Kreuzigung Jesu. Durch sie aber hat Christus uns und die ganze Schöpfung erlöst, sodass wir Gott die Ehre geben können.

„Gottes unübertreffliche Liebe überwältigt und verwandelt unsere bösen Taten."

Ein Becher voller Entspannung

„Es ist hoffnungslos. Ich versuche immer, alles in Ordnung zu bringen."

Ich lebe oft so, als wäre ich der mächtige Atlas aus der griechischen Sage, der das Himmelsgewölbe auf seinen Schultern trägt. Ich bin für die ganze Welt verantwortlich und lade sie mir auf den Rücken. Hat jemand ein Problem, dann versuche ich, es für ihn zu beheben. Kein Wunder, dass ich müde bin. Selbst wenn mir jemand aufzeigt, wie falsch dieses Denken ist, antworte ich ihm noch: „Und wie kann ich dieses Problem aus der Welt schaffen?" Du liebe Güte, ich bin ganz schön verkorkst!

„Denn uns ist ein Kind geboren, ein Sohn ist uns gegeben, und die Herrschaft ruht auf seiner Schulter." (Jes. 9,5)

Der Prophet Jesaja erinnert uns daran, dass Jesus die ganze Welt, auch meine kleine Welt, auf seinen Schultern trägt. Das muss und kann ich nicht tun. Jesus bringt alles in Ordnung, nicht ich. Warum fällt es mir so schwer, das zu glauben? Vielleicht weil ich es nicht glauben will. Weil ich mich schon an das erhebende Gefühl gewöhnt habe, meine Probleme und die anderer selbst zu lösen. Und weil ich davon überzeugt bin, dass nur ich die Probleme richtig angehe – eben auf meine Art.

Vielleicht hat man mich auch glauben gemacht, dass es meine Aufgabe ist, die Welt zu retten. Wenn dem so ist, dann hat man mir eine furchtbare Last aufgelegt.

Herr, hilf mir. Erinnere mich jeden Tag neu daran, dass du der Erhalter der Welt bist. Hilf mir, mich in dem Wissen zu entspannen, dass du alles in Ordnung bringen kannst – selbst mich! Amen.

*„Die Welt ruht da, wo sie hingehört –
auf den starken Schultern unseres Herrn."*

Ein Becher voller göttlicher Gegenwart

*„Ich habe das Gefühl,
von Gefahren umgeben zu sein."*

Warum auch nicht? Unsere Welt ist voller Gefahren. Die Staaten dieser Welt stehen vor großen Schwierigkeiten. Das Böse scheint sich breitzumachen. Unsere Kultur zerstört sich selbst. Und auch mein persönliches Leben fühlt sich oft gestört und ungesund an.

Es gibt gute Gründe, auf der Hut zu sein. Die Bibel spricht sehr deutlich davon, dass es Mächte gibt, die nur darauf warten, uns zerstören zu können. Das christliche Leben und die christliche Kultur sind gefährdet wie noch nie. Und auch in uns selbst tobt ein Kampf: unser Ego möchte, dass wir ihm dienen anstatt unserem Gott. Der Widersa-

cher Gottes und seine dunklen Kräfte wollen sich in der Welt immer mehr auf unsere Kosten ausbreiten.

Es ist also kein Wunder, dass ich mich von Gefahren umgeben fühle.

Dennoch sitze ich nicht in der Falle. Die Bibel spricht nämlich ebenso deutlich davon, wer an meiner Seite steht und mich beschützt: Die himmlische Dimension mit ihren Legionen von Engeln umgibt mich. Der Heilige Geist lebt in mir. Der dreifaltige Gott – Vater, Sohn und Heiliger Geist – herrscht über alles und bereitet unsere endgültige Befreiung vor.

„Es ist nur natürlich, dass ich mich bedroht fühle, aber ich habe starke Verteidiger, die mir zur Seite stehen."

Ein Becher voller Offenheit

*„Ich habe Angst davor,
Gott gegenüber ehrlich zu sein."*

Ich bin Gott gegenüber oft nachtragend, enttäuscht, ja sogar verärgert und fühle ich mich deswegen schuldig.

Manche meiner Mitchristen ermahnen mich, immer dankbar und glücklich und um Himmels willen nicht wütend auf Gott zu sein!

Das verstehe ich nicht. Denn wenn ich mir zum Beispiel anschaue, was König David in seinen Psalmen so alles geschrieben hat, dann scheint er oft frustriert und auch wütend auf Gott gewesen zu sein. Aber hat Gott ihn nicht trotzdem von Herzen geliebt?

Und bin ich nicht ein Kind Gottes, genau wie David auch?

Stellen Sie sich vor, ein Kind ist wütend auf seine Eltern. Würden die Eltern wollen, dass es seinen Ärger versteckt und so tut, als gäbe es keine Spannungen? Oder wäre es den Eltern nicht doch lieber, ein offenes, ehrliches Verhältnis zu ihrem Kind zu haben, das es ihm erlaubt, seinen Unmut zu äußern?

Ist es nicht besser von David gewesen, Gott gegenüber so offen und ehrlich zu sein, als ihm etwas vorzuspielen?

Es ist mit Sicherheit konstruktiver, seinem Ärger einmal richtig Luft zu machen, als seine echten Gefühle zu verstecken und sich Gott zu verschließen oder sich gar von ihm abzuwenden.

Wenn wir Gott gegenüber nicht ehrlich sind, dann bringen wir ihm keinen Respekt entgegen. Er verdient es, dass wir ihm nichts vormachen. Gott wünscht sich, dass wir eine authentische Freundschaft mit ihm führen, und dazu gehört auch, dass wir unseren Ärger nicht vor ihm verstecken.

„Gott liebt mich so sehr, dass er gerne wissen will, was ich wirklich empfinde."

Ein Becher voll „Gut genug“

*„Es strengt mich an,
immer ‚gut genug‘ sein zu wollen.“*

Was aber bedeutet „gut genug“ schon? Ich habe mich lange damit gequält, dass ich mich nicht „gut genug“ fühlte – für meinen Ehepartner, meine Kinder, meine Freunde und besonders für Gott. Ich habe versucht, dem entgegenzuwirken, indem ich mich noch mehr in die Arbeit gestürzt habe. Das war auf Dauer ermüdend und deprimierend, und meine Versuche, „gut genug“ zu werden, haben mich in meinem tiefsten Innern wütend gemacht.

Ich werde aus eigener Anstrengung nie „gut genug“ für Gott sein. In den Evangelien lese ich, wie Jesus die Messlatte unerreichbar hoch gehängt hat, um seinen Zeitgenossen genau diesen Punkt deutlich zu machen. Erinnern Sie sich an den reichen jungen Mann, der sich selbst für gerecht hielt und zu Jesus kam, um zu fragen, was er denn jetzt noch tun könne? Jesus sagte ihm, er solle sein Hab und Gut verkaufen und das Geld den Armen geben. Das war dann doch zu viel des Guten für den jungen Mann. So ist es auch mit uns. Jesus sagt: „*Darum sollt ihr vollkommen sein, wie euer Vater im Himmel vollkommen ist.*" (Mt. 5,48)

Aber das können wir nicht. Das ist zu viel des Guten. Jesus weiß das. Er verlangt nicht von uns, dass wir uns immer noch mehr anstrengen.

Seine für uns unrealistischen Forderungen sollen uns vielmehr etwas anderes deutlich machen: Nur Jesus allein ist „gut genug" für Gott.

Ist das nicht eine wunderbare Nachricht? Sein „gut genug" gibt er mir als Geschenk, wenn ich ihm vertraue. Durch Jesus und in Jesus bin ich „gut genug" für Gott. Was für eine Erleichterung!

„Ich kann niemals ‚gut genug' sein.
Aber Jesus ist es!"

Ein Becher voller Geruhsamkeit

*„Ich bin so beschäftigt,
dass es mich rasend macht."*

Geschäftigkeit bestimmt mein Leben, kontrolliert meinen Tagesablauf, beeinflusst meine Entscheidungen, scheint mich selbst auszumachen. Ich beschwere mich darüber, dass ich so beschäftigt bin, dabei habe ich mir das doch selbst ausgesucht. Geschäftigkeit gibt mir Selbstwert. Sie hilft mir, wirklich viel geschafft zu kriegen … aber sie tut auch noch etwas anderes. Geschäftigkeit hält mich davon ab, zur Ruhe zu kommen und auf meine Seele zu hören, die nach Aufmerksamkeit schreit.

Das ist einer der Gründe, warum ich bewusst so gestresst und beschäftigt bin. Ich würde mich gar nicht gut fühlen, wenn es anders wäre. Müssen erwachsene, verantwortungsvolle Menschen nicht jede Gelegenheit ergreifen und jeden Moment damit ausfüllen, etwas zu *tun*? Ist es nicht selbstredend, dass verantwortungsvolle Christen sich im Dienst für Gottes Reich aufreiben?

Aber: Woher kommen bloß diese Vorstellungen? Ist es das *Tun*, was mich ausmacht, oder ist es Jesus?

„*Und er ist darum für alle gestorben, damit, die da leben, hinfort nicht sich selbst leben, sondern dem, der für sie gestorben und auferstanden ist.*" (2. Kor. 5,15)

Jesus wünscht sich, dass ich mein Leben von ihm bestimmen lasse anstatt von einem Tagesprogramm, das ich selbst aufstelle. Gott verlangt keineswegs von mir, dass ich vor lauter Arbeit völlig erschöpft bin und gar nicht mehr weiß, wo mir der Kopf steht. Es ist nicht gesund, sich hinter vielen Aktivitäten zu verstecken.

Ich glaube, ich will es wagen, einen Gang zurückzuschalten und der Ruhe Raum zu geben. Und ich fange damit an, dass ich mein Tagesprogramm mal für einen Tag außer Acht lasse.

„Es ist meine Entscheidung: ich kann mein Leben durch Geschäftigkeit bestimmen lassen oder durch Jesus."

Ein Becher voller Heil

„Schuldgefühle nehmen mir die Freude."

Dafür freut sich der Widersacher Gottes umso mehr. Er mag es, wenn ich blind und gelähmt bin. Er findet es großartig, wenn ich meinen selbstsüchtigen Motiven, meinen überzogenen Erwartungen und meinen ganzen anderen Sünden gegenüber blind bin. Wenn ich meine Schuld nicht wahrnehme, lasse ich mich von ihr gefangen nehmen. Ich lebe wie versklavt und weiß meistens noch nicht einmal warum.

Wenn es dem Teufel nicht gelingt, mich auf Dauer gegenüber meiner Schuld blind zu halten, dann kommt Plan B zum Einsatz. Er versucht, mich durch meine Schuldgefühle zu lähmen.

Ich schlage die Hände über dem Kopf zusammen, ich hasse mich, ich blase

Trübsal und fühle mich furchtbar schuldig. Doch meinen Stolz lässt der Widersacher unangetastet, sodass ich mich weiterhin lieber selbst kasteie, anstatt mit meinen Sünden direkt zu Gott zu laufen, der mir Vergebung schenkt.

Ich bitte den Heiligen Geist, dass er mich vor dieser teuflischen Strategie beschützt. Ich bete, dass Gottes Geist mir die Augen für meinen Schuldenberg öffnet und mich dazu treibt, vor Gott auf die Knie zu fallen. Er will mich in seiner Gnade befreien.

Wenn ich dabei stehen bleibe, mich schuldig zu fühlen, werde ich mich immer nur noch mehr anstrengen und wieder scheitern. Wenn ich Gott aber ehrlich meine Schuld bekenne und mich selbst loslasse, dann werde ich das unermessliche Wunder von Gottes Vergebung erfahren.

„Wenn ich mich nach Gottes Vergebung und seinem Heil ausstrecke, bringt das die Freude zurück in mein Leben und macht mich lebendig."

Ein Becher voller Freundschaft

„Die Sorge ist ein Wegbegleiter, den ich gerne loswerden würde."

Sorgen begleiten mich überall hin. Ich erzähle das anderen Menschen nicht, aber sie sehen es mir ohnehin an. Um meinen Mund herum ziehen sich tiefe Falten, weil ich die Lippen oft fest zusammenpresse. Meine Stirn wirkt wie ein zerfurchter Acker. Ich beginne bereits, wie ein alter Mann auszusehen.

Ich wünschte, ich könnte Gott einfach glauben, dass er zu seinen Versprechen steht. Aber, um ehrlich zu sein, fällt es mir schwer zu glauben, dass er wirklich alles in der Hand hat, wenn ich mich in der Welt umsehe. Ich zweifle daran, dass er tatsächlich weiß, was gut für mich ist.

Ich glaube, ich bin ein

schlechter Christ. Und auch darüber mache ich mir natürlich Sorgen.

Doch manchmal, viel zu selten, spüre ich den Heiligen Geist als Wegbegleiter an meiner Seite, und ich merke, dass die Sorgen weit hinter uns zurückgeblieben sind. In diesen Momenten fühle ich mich sicher, ich kann mich entspannen, ich kann lächeln. Das sind Zeiten, in denen ich zu *Immanuel* rufe – Gott mit uns – und weiß, ich habe einen verlässlichen Freund an meiner Seite.

Wie gut, dass Immanuel, dass Jesus uns den Geist Gottes sendet als Wegbegleiter, Tröster und Freund. Das hat er uns in Joh.14,16 zugesagt:

„Und ich will den Vater bitten und er wird euch einen andern Tröster geben, dass er bei euch sei in Ewigkeit.“
Gottes Geist hilft mir, meine Lasten und Sorgen bei Jesus abzuladen.

„Gottes Geist, der Tröster, ist mein Begleiter und drängt die Sorgen beiseite.“

Ein Becher voller Selbstwahrnehmung

„Ich hasse es, wenn ich schuldig werde. Es frustriert mich."

Ich verabscheue nichts mehr als mein Versagen. Es macht mich traurig, dass ich meinem Vater im Himmel wehtue, der so viel Geduld mit mir hat. Aber ich bin auch frustriert darüber, dass ich anscheinend nicht fähig bin, wie ein „guter" Christ zu leben.

Hier gilt es zu unterscheiden: Wenn ich mein Versagen betrauere, dann macht mich das demütig, formbar, offen für die Kraft von Gottes Geist. Das ist jedoch nicht der Fall, wenn ich frustriert bleibe.

Ich bin oft weniger traurig über meine Schuld als vielmehr angewidert davon, dass ich es einfach nicht schaffe, ein „anständiges" christliches Leben zu führen. Ich habe Angst, mein

Gesicht zu verlieren – nicht nur gegenüber anderen, sondern auch mir selbst gegenüber.

Aber jemand, der über sich selbst entrüstet ist, der nicht gebrochen und verwundbar vor Gott steht – der bleibt frustriert, deprimiert, beschämt. So geht es mir. Ich versuche, immer noch härter an mir zu arbeiten. Ich will nicht mehr frustriert sein. Ich will nicht mehr angewidert vor meiner Schuld stehen. Ich will es besser machen.

Doch dann wird mir eine erschreckende Wahrheit deutlich: mein Leben als Christ dreht sich letztlich … nur um mich selbst.

Wenigstens weiß ich jetzt, womit ich es zu tun habe. Ich kann mein Verhalten benennen und bekennen. Ja, es tut ein wenig weh, plötzlich zu erkennen, dass ich aus mir selbst heraus nicht besser werden kann, aber es befreit.

„Gott sei Dank – die Demut zerreißt die Fesseln von Frustration und Abscheu."

Ein Becher voller Zutrauen

„Ich habe schreckliche Angst vor falschen Entscheidungen.“

Ich habe in meinem Leben schon mehr als genug falsche Entscheidungen getroffen und setze alles daran, das künftig zu vermeiden.

Eine falsche Entscheidung entlarvt doch nur meine Dummheit, mein schlechtes Urteilsvermögen, vielleicht sogar meine fehlende geistliche Reife. Falsche Entscheidungen sind der Untergang für Menschen wie mich, die perfektionistisch veranlagt sind, nach Erfolg streben und alles unter Kontrolle haben wollen.

Mein ganzes Leben lang stehe ich schon unter dem Druck, gute Entscheidungen treffen zu müssen.

Es ist wie ein Zwang, dem alles unterliegt – von

meinem Umgang mit Geld bis hin zu meiner Urlaubsplanung.

Dazu kommt noch, dass die Menschen in meiner Umgebung jeden Tag von mir erwarten, dass ich richtige Entscheidungen treffe, und das macht es mir schwer, überhaupt irgendetwas zu entscheiden.

Aber die gute Nachricht, die über allem steht, ist: Gott liebt mich, auch wenn ich falsche Entscheidungen treffe. Ja, er gibt mir sogar die Freiheit, falsche Entscheidungen zu treffen! Das erleichtert mich unglaublich und befreit mich von allem Druck.

„Ich brauche keine Angst vor einer möglichen falschen Entscheidung zu haben. Ich muss auch nicht am Boden zerstört sein, wenn sich eine Entscheidung tatsächlich einmal als falsch erweist. Ich kann Gott vertrauen. Er lässt mich nicht fallen."

Ein Becher voller Erkenntnis

„Herr, ich habe deinen Namen missbraucht, um mein Ego aufzupolieren."

Ich wollte gerne als jemand gesehen werden, der ein untadeliges christliches Leben führt – also habe ich deine Gebote gehalten. Ich wollte als jemand in Erinnerung bleiben, dem das Kreuz Jesu wichtig war – also habe ich dein Wort gelehrt, wo immer ich konnte. Ich wollte als weiser und reifer Christ gelten – also habe ich großzügig meine Ratschläge verteilt. Wenn meine Mitchristen an Jesus denken, sollte ihnen mein jesusgemäßes Leben vor Augen stehen. Wenn andere über eine heilige, gottgefällige Lebensführung sprechen, wollte ich ihnen als Beispiel in den Sinn kommen. Ich wollte für meine außergewöhnlichen Bibelkenntnisse bekannt sein.

All das wollte ich, um mein Ego aufzupolieren.

Ich wollte Segen und Kraft. Ich habe dich, Gott, missbraucht, um meinen Willen zu bekommen. Ich gebe meinen Zehnten, ich bete, lese die Bibel, gebe Zeugnis von dir, bin gastfreundlich und wohltätig und arbeite hart an mir, um geistliche Frucht zu bringen.

Aber ich habe mich nicht an dir gefreut. Und ich habe dich nicht geliebt. Ich habe dich benutzt, damit ich mich besser fühle und bei anderen besser ankomme. Wie kannst du mir vergeben, dass ich deinem Namen die Ehre gestohlen habe, um sie für mich selbst in Anspruch zu nehmen?

Deine Gnade macht mich ehrfürchtig und lässt mich über dich staunen. Mir fehlen die Worte. Ich kann nur „Danke" sagen – dafür, dass du mich geliebt hast, als ich dich nicht liebte; dass du an mir festgehalten hast, obwohl ich nur mir selbst die Ehre gegeben habe; dass du leidenschaftlich um meine Zuneigung geworben hast; dass du mir vergibst, obwohl du mir so oft nur Mittel zum Zweck gewesen bist.

„Ich bin der Dieb, der Räuber, der neben dir am Kreuz hängt, doch du begegnest mir mit unendlicher Liebe."

Ein Becher voller Erleichterung

„Ich wünschte, ich ließe mich nicht immer so schnell entmutigen.“

Wenn ich nicht immer besser wüsste, was gut für mich ist, hätte ich gar keinen Grund, entmutigt zu sein.

Wenn ich nicht davon überzeugt wäre, alles allein und auf meine Art regeln zu müssen, müsste ich keine Angst vor dem kommenden Tag haben.

Wenn ich nicht ganz genau vor Augen hätte, wie alles laufen muss, bräuchte ich mir keine Sorgen zu machen, dass es anders laufen könnte.

Es ist eine große Erleichterung zu wissen, dass ich im Grunde genommen einfach nur Jesus zu folgen brauche.

„Des Menschen Herz erdenkt sich seinen Weg; aber der Herr allein lenkt seinen Schritt“, heißt es in Sprüche 16,9.

„Ich bin glücklich darüber, dass Jesus mich einlädt, seinen Fußstapfen zu folgen und mich mit ihm auf eine Reise voller Freude zu machen.“

Ein Becher voller Zerbrochenheit

„Ich nehme mir immer vor, es beim nächsten Mal besser zu machen. Hört das denn nie auf?“

Sobald ich an irgendetwas scheitere, nehme ich mir fest vor, es beim nächsten Mal besser zu machen. Es fällt mir sehr schwer, mir meine Unfähigkeit einzugestehen. Ich halte stur daran fest, dass ich alle Schwierigkeiten, alle Sünden überwinden und alle Berge besteigen kann.

Warum bin ich niemals erschüttert über das Schlechte, das ich getan, und das Gute, das ich unterlassen habe? Warum glaube ich immer wieder, dass die Antwort auf mein Versagen allein darin besteht, mich an den eigenen Haaren aus dem Sumpf zu ziehen?

Natürlich, meistens tut es mir leid, wenn ich schuldig geworden bin. Doch wenn ich nur mit guten Vorsätzen darauf antworte, wenn ich mich zur Rechenschaft gegenüber anderen verpflichte oder Seminare und Selbsthilfeprogramme besuche, anstatt mich unter das Kreuz von Jesus zu stellen – dann begebe ich mich auf einen Weg, der nicht dem Evangelium entspricht.

Die gute Nachricht will zerbrochene Menschen in die Freiheit führen.

Vielleicht sollte ich Jesus darum bitten, all meine Versuche, aus mir selbst heraus besser zu werden, zu vereiteln? Vielleicht wäre es gut, wenn ich mal an den Punkt käme, an dem ich verzweifelt und hilflos bin. An den Punkt, an dem ich mit meinem Latein so am Ende bin, dass ich mich nur zu gerne von Gottes Gnade, und nur seiner Gnade allein, retten lasse.

„Jesus möchte, dass ich in all meiner Verzweiflung und Zerbrochenheit zu ihm komme und mich an sein Kreuz klammere.“

Ein Becher voller Verantwortungsgefühl

„Ich bin es leid, immer die Verantwortung zu tragen."

Als ich das einem Freund gegenüber erwähnte, sagte er: „Gut. Jetzt gibt es Hoffnung für dich."

Ich weiß, dass ich verantwortungsbewusst leben sollte. Doch mein Freund hatte verstanden, dass mein Problem ein anderes ist: ich leide unter einem derart ausgeprägten Verantwortungsgefühl, dass ich glaube, ich müsste der Messias der ganzen Welt sein. Ich mache mich selbst kaputt dadurch, dass ich versuche, die Lasten der anderen um mich herum zu tragen, so als sei ich Jesus selbst. Ich versuche zwanghaft, das Leben für andere zu bewältigen und fühle mich schuldig, wenn sie versagen.

Warum ist das so? Ich denke, dafür gibt es viele

Gründe. Manchmal denke ich zu hoch von mir selbst und zu gering von anderen. Ich bin ein Kontrollfreak. Ich möchte gerne mein Leben und das der anderen im Griff haben. Manchmal habe ich auch einfach nur eine gewaltige Angst davor, zu versagen. Oder ich denke irrtümlicherweise, man erwarte von mir, dass ich rettend eingreife.

Aber ich habe verstanden, dass dies gerade nicht der richtige Weg ist, um verantwortungsbewusst zu leben. Mein übersteigertes Verantwortungsgefühl ist ungesund, obwohl es doch auf den ersten Blick so vorbildlich erscheint, so aufopferungsbereit, so liebevoll. Wirklich verantwortungsbewusst handle ich erst dann, wenn ich die Verantwortung an Gott abgebe. Und mein erster Schritt in die Freiheit besteht darin, Christus zu vertrauen.

„Verantwortungsbewusstsein beginnt mit Ehrlichkeit und endet mit Jesus."

Ein Becher voller Wünsche

„Ich scheine die Sehnsüchte meines Herzens nicht kontrollieren zu können.“

Was mir ein gutes Gefühl gibt, sagt viel über mich aus – und nicht selten auch über das, was meine tiefste Sehnsucht ist.

Fühle ich mich gut, wenn alles seine Ordnung hat? Vielleicht gilt meine tiefste Sehnsucht der Ordnung.

Fühle ich mich gut, wenn mir Anerkennung zuteilwird, wenn ich es bequem habe, wenn ich ein genussvolles Leben führen kann? Dann gilt meine tiefste Sehnsucht vielleicht diesen Dingen.

Wie aber geht es mir, wenn ich bewusst Zeit in der Gegenwart Jesu verbringe?

Der Kirchenvater Augustinus schreibt in seiner Autobiografie *Bekenntnisse*, dass wir nicht dazu geschaffen wurden, unsere Wünsche und Sehnsüchte selbst zu ändern – nur Gott kann das.

Paulus schreibt in seinem Brief an die Gemeinde in Philippi:

„Denn Gott ist's, der in euch wirkt beides, das Wollen und das Vollbringen, nach seinem Wohlgefallen." (Phil. 2,13)

Es ist wichtig für uns, das zu hören, denn wir fühlen uns oft schuldig, wenn unsere Wünsche und Sehnsüchte sich unserer Kontrolle entziehen.

Aber ich darf damit zu meinem himmlischen Vater gehen und ihm davon erzählen. Die Veränderung meiner Wünsche muss von außerhalb meiner selbst kommen, ich kann das nicht in mir bewirken. Ich kann Gott nur die Dinge benennen und bekennen, nach denen ich mich sehne und die mir ein gutes Gefühl geben. Und ich darf den Heiligen Geist bitten, mir zu zeigen, dass mir die Nähe von Jesus das allerbeste Gefühl überhaupt schenkt.

„Ich kann meine Sehnsüchte nicht verändern, aber Gott kann es!"

Ein Becher voller Vorsicht

„Dass es mir meistens gelingt, als ‚guter' Christ zu leben, gibt mir ein gutes Gefühl. Aber ich bin auch etwas unsicher deswegen."

Es ist gar nicht so schlecht, dass ich mich deswegen etwas unsicher fühle. Ich sollte vorsichtig sein mit all den guten und wichtigen Dingen wie Hingabe, Opferbereitschaft, Pflichterfüllung, Ehrgefühl. Ich sollte behutsam umgehen mit Mut, den Früchten des Geistes und dem Bibellesen.

Denn meist ist es die Tugendhaftigkeit, die eine Gefahr für mich darstellt, nicht das Laster. Es passiert sehr leicht, dass ich mich auf all diese Dinge konzentriere anstatt auf ihre Quelle, Gott. Wenn ich von der Beschäftigung mit den christlichen Tugenden mehr eingenommen bin als

von Jesus selbst, dann sind sie für mich zu Götzen geworden.

Wenn ich das geschriebene Wort Gottes mehr liebe als das Wort, das Fleisch geworden ist, dann wird die Bibel für mich zum Gegenstand meiner Verehrung. Es passiert schnell, dass ich meinen Fokus auf etwas anderes richte als auf Jesus.

Deshalb will ich versuchen, mich nicht in die Ausübung christlicher Tugenden hineinzusteigern.

Jesus sagt uns: „*Trachtet zuerst nach dem Reich Gottes und nach seiner Gerechtigkeit, so wird euch das alles zufallen.*“ (Mt. 6,33)

Warum also trachte ich nicht zuerst nach Christus und überlasse es ihm, in mir die Tugendhaftigkeit zu bewirken, die ihm gefällt?

Es ist besser so.

„Ich suche zuallererst Jesus,
nicht ein geheiligtes Leben.
Er lässt in mir die Früchte wachsen,
die ihm gefallen.“

Ein Becher voller Segensströme

„Ich mache doch alles richtig – wo also bleibt Gottes Segen?"

Vor einigen Jahren hörte ich einen Prediger in einem Fernsehgottesdienst sagen, dass ich für seinen Dienst nur Geld zu spenden und ein gottgefälligeres Leben zu führen bräuchte, und schon würde Gott mich materiell segnen. Ich sollte lediglich Schecks ausschreiben, mich besser benehmen und viel von Gott erwarten.

Also habe ich dem Prediger tatsächlich Geld geschickt; ich habe mich angestrengt, Gott zu gefallen und war sogar versucht, mir noch mehr Geld zu leihen, um es für den Dienst des Predigers zu spenden – alles nur, um meinen Glauben unter Beweis zu stellen!

Doch nichts passierte.

Als ich schließlich in Ruhe darüber nachdachte, wurde ich wütend auf den Prediger ... und auf mich selbst. Gottes Segen kann man nicht kaufen. Wir müssen ihm gute Dinge nicht aus den Rippen leiern. Glauben wir wirklich, dass er uns absichtlich etwas vorenthält?

Also, wo bleibt Gottes Segen dann?

Mein Name ist *bereits jetzt* im Himmel aufgeschrieben; der Heilige Geist wohnt *bereits jetzt* in mir; ich bin *bereits jetzt* sein Erbe; ich bin *bereits jetzt* sein geliebtes Kind. Ich muss Gott nicht bestechen. Jesus Christus hat die himmlischen Schleusen geöffnet und Gottes Gnade fließt mir zu.

„Jesus hat mich bereits hier und jetzt mit allem gesegnet, was ich nötig habe."

Ein Becher voller Gebet

„Gebet ist ein Kampf für mich."

Aber natürlich ist es das. Beim Gebet geht es um den Glauben, und der Glaube ist uns nicht in die Wiege gelegt. Weil ich damit kämpfe, Gott zu vertrauen, bete ich kaum – und sicher nicht mit Enthusiasmus – und fühle mich deswegen schuldig. Aber ich brauche mich gar nicht schuldig zu fühlen. Aufrichtig zu glauben ist nicht nur schwer, es ist unmöglich. Das wird schon im Evangelium des Markus deutlich, wo ein Vater Jesus um die Heilung seines Kindes bittet und ruft: *„Ich glaube; hilf meinem Unglauben!"* (Mk. 9,24)

Anstatt mich also schuldig zu fühlen, weil mein Glaube nicht ausreicht, um zu beten, kann ich Gott meinen Unglauben bekennen und ihn um das Geschenk des Glaubens bitten.

„Denn aus Gnade seid ihr selig geworden durch Glauben, und das nicht aus euch: Gottes Gabe ist es“, heißt es in Epheser 2,8.

Wenn ich wieder einmal nicht weiß, wie oder was ich beten soll, erinnere ich mich daran, dass schon die Jünger Jesu dasselbe Problem hatten. Sie haben Jesus gefragt, ob er sie lehren könne, wie man betet. Dasselbe darf ich auch tun. Und wenn ich mir einbilde, dass ich nicht „gut genug“ bete, kann ich mich von der Bibel ermutigen lassen. Im Römerbrief sagt uns Paulus, dass der Heilige Geist durch uns und für uns betet:

„Desgleichen hilft auch der Geist unsrer Schwachheit auf. Denn wir wissen nicht, was wir beten sollen, wie sich's gebührt; sondern der Geist selbst vertritt uns mit unaussprechlichem Seufzen.“ (Röm. 8,26)

Der Glaube ist ein Geschenk, keine Fähigkeit.

„Das Gebet mag immer ein Stück weit Kampf bleiben, doch durch das Geschenk des Glaubens macht es auch Freude.“

Ein Becher voller Fürsorge

„Ich fürchte mich vor Schmerz."

Ich bin Weltklasse darin, Schmerz zu vermeiden. Ich wünsche mir einfache, vorhersehbare, kontrollierbare Ereignisse und bin bereit, fast alles zu tun, um Enttäuschungen zu vermeiden. Ich bemühe mich krampfhaft, meine tiefsten Bedürfnisse zu stillen, um bloß keinen Schmerz spüren zu müssen. Aber das, wonach mein Herz schreit, muss nicht unbedingt das sein, was ich wirklich brauche.

Manchmal glaube ich, meine Lebensumstände müssten sich verändern, damit ich vor jeglichem Schmerz geschützt bin.

Aber was ich wirklich brauche, ist ein verändertes Herz.

Leider sind Herztransplantationen schmerzvoll.

Meine Umstände jedoch

bedürfen meist gar keiner Veränderung, weil der Architekt meines Lebens äußerst kompetent ist und alle Dinge gut macht.

Was ich heute habe, ist vielleicht nicht das, was ich mir wünsche, aber genau das, was ich brauche.

Und mitunter ist gerade der Schmerz nötig, damit Gott mein Herz verändern kann.

„Gott hilft mir nicht, Schmerz um jeden Preis zu vermeiden. Manchmal führt er mich in Lebensumstände, die ich mir selbst nicht aussuchen würde, um mir das zu geben, was ich brauche."

Ein Becher voller Wohlbefinden

*„Ich schäme mich zuzugeben,
dass ich mit Depressionen kämpfe."*

Auch Christen kämpfen mit Depressionen, und die meisten schämen sich, das zuzugeben. Manchmal nehmen wir Medikamente deswegen oder gehen zum Therapeuten. Manchmal ist es nur ein chemisches Ungleichgewicht im Gehirn, das Depressionen auslöst und uns zum Gerede der Leute macht. Doch mitunter werden depressive Stimmungen auch durch geistliche Dynamiken ausgelöst.

Offen gesagt, wenn man bedenkt, welcher Druck uns manchmal von unseren eigenen Gemeinden und christlichen Leitern auferlegt wird, ist es verwunderlich, dass nicht noch mehr Christen depressiv sind.

Eine Depression wird

oft durch unterdrückten Ärger ausgelöst oder durch falsche Erwartungen, mit denen wir uns konfrontiert sehen. Oft haben wir sogar gute Gründe, verärgert zu sein, denn wir kennen unsere Grenzen nur zu gut. Eine falsche christliche Lehre in unseren Gemeinden kann uns dann depressiv machen, wenn wir dahingehend manipuliert werden, dass wir meinen, einen unmöglich hohen Standard in Leben und Dienst erreichen zu müssen.

Manchmal müssen wir uns auch selbst an der Nase fassen, weil wir fälschlicherweise glauben, Gott würde genauso denken wie unsere Gemeindeleiter.

Natürlich möchte Gott, dass wir ein geheiligtes Leben führen, aber er weiß auch, dass wir bloß Menschen sind. Er lebt in der Wirklichkeit und ist realistisch.

„Depressive Stimmungen können oft auf unterdrückten Ärger zurückgeführt werden. Auf Gott brauche ich jedoch nicht wütend zu sein, denn er erwartet nicht mehr von mir, als ich geben kann. Für meine Begrenzungen ist Jesus schon eingetreten."

Ein Becher voller Kraft

*„Wie gerne hätte ich mehr Kraft,
doch sie kommt mir immer wieder abhanden."*

Es ist vielleicht gar nicht so schlecht, dass mir die Kraft manchmal abhandenkommt, denn sonst würde ich mich nur allzu leicht von ihr abhängig machen, sie für mein Verdienst halten und immer mehr wollen.

So aber muss ich mir eingestehen, dass meine Kraft im Grunde genommen überhaupt nicht *meine* Kraft ist … ohne Gott kann ich nämlich gar nichts Nennenswertes zustande bringen.

In und *durch* Jesus jedoch kann ich ein kraftvoller Zeuge der mächtigen Liebe unseres starken Gottes sein.

Das ist die gute Botschaft des Evangeliums, die es mir ermöglicht, so ganz anders zu leben, als es in unserer Gesellschaft üblich ist.

Wenn ich Jesus nachfolge und Gottes Geist in mir wirken lasse, dann kann ich der Welt um mich herum einen machtvollen Eindruck von der Liebe Gottes vermitteln. Dann liegt Kraft in dem, was ich tue.

Es ist empfehlenswert, sich die folgenden geistlichen Wahrheiten, die Jesus uns vermittelt hat, immer wieder ins Gedächtnis zu rufen:

- Wenn du wirklich frei sein möchtest, dann lebe für etwas, das größer ist als du selbst
- Wenn du mutig werden willst, erinnere dich daran, dass Jesus der geliebte Sohn des Schöpfers ist
- Wenn du in dieser Welt etwas zum Guten bewirken willst, musst du auch Risiken eingehen
- Wenn du von Herzen fröhlich sein willst, zeig Erbarmen

*„Ich finde es beglückend zu wissen:
Wirkliche Kraft liegt darin, dass der Geist Gottes
durch mich die Taten vollbringt,
die Jesus tun will."*

Ein Becher voller Gewissheit

„Ungewissheit lässt mich nervös werden."

Ich bemühe mich, Ungewissheiten auf ein Minimum zu beschränken. Am liebsten möchte ich heute schon wissen, dass morgen alles gut werden wird. Ich will über die Zukunft im Bilde sein, damit ich mich entspannen kann – oder zumindest darauf vorbereitet bin, was mit Sicherheit kommen wird.

Aber es ist total anstrengend, immer alle Ungewissheiten vermeiden zu wollen. Zumal es in einer derart komplexen Welt wie der unseren einfach unmöglich ist, Gewissheit über das zu haben, was kommt.

Vielleicht sollte ich einmal versuchen, meinen Blick weg von den Unsicherheiten dieser Welt und hin auf die Sicherheiten der kommenden Welt zu richten! Warum nehme ich mir nicht jeden Tag einen Moment lang Zeit und rufe mir ins Gedächtnis, dass …

- Gott ganz gewiss meinen Namen kennt
- Gott mit Sicherheit seine Schöpfung erlöst
- er ohne jeden Zweifel einen neuen Himmel und eine neue Erde schafft

Ich glaube fest, dass im Lichte dieser Gewissheiten alle Ungewissheiten des täglichen Lebens verblassen würden.

Wenn ich mir die Verheißungen Gottes ins Gedächtnis rufe, brauche ich keine Angst mehr vor den Überraschungen zu haben, die der neue Tag bringt.

„Die Gewissheit, dass mit Gott schließlich alles gut werden wird, hilft mir, mit den Unsicherheiten des Alltags zurechtzukommen."

Ein Becher voller Selbstvergessenheit

*„Eines meiner Probleme ist,
dass ich schnell gereizt bin.“*

Anderen fällt es schwer, mich zu lieben, weil ich so leicht reizbar bin. Und mir wiederum fällt es schwer, andere zu lieben. Ich bin zu beschäftigt damit, meine Umwelt mit tiefer innerer Unruhe zu beobachten: Wird etwas passieren, das ich nicht im Griff habe, dem ich hilflos ausgeliefert bin?

Ich mag es nicht, wenn ich so bin. Ich fühle mich in solchen Momenten wie ein verwöhntes Kind. Und dennoch: Wenn mein Leben nicht so läuft, wie ich es gerne hätte, fühle ich mich ängstlich oder benachteiligt, im Stich gelassen, zurückgewiesen, hilflos. Und ich werde äußerst reizbar.

Jesus lädt mich ein, mich selbst und alles, was mich

bewegt, loszulassen und bei ihm zur Ruhe zu kommen:

„Kommt her zu mir, alle, die ihr mühselig und beladen seid; ich will euch erquicken.“ (Mt. 11,28)

Ich darf meine Ängste und meinen Schmerz an ihn abgeben und ich kann es ihm überlassen, mein Leben zu lenken.

Jesus ist gekommen, um mir ein *Leben in Fülle* zu ermöglichen (Joh. 10,10).

Er möchte nicht, dass Gereiztheit meinen Alltag bestimmt.

„Wenn ich meine Sorgen auf Jesus werfe, ist mein Lebensglück nicht von äußeren Umständen abhängig.“

Ein Becher voller Bescheidenheit

*„Ich habe keine Lust mehr,
nach Stärke und Macht zu streben.“*

Gesegnet sind die Mächtigen. Ist das nicht die Botschaft, mit der wir alle aufgewachsen sind, innerhalb und außerhalb der christlichen Gemeinschaft? Ist Stärke nicht das, was wir in christlichen Leitern sehen wollen und das, worauf wir selbst insgeheim hinarbeiten? Verlangen nicht auch wir Christen voneinander, siegreich zu sein?

Vielleicht haben wir vergessen, was Paulus in seinem zweiten Brief an die Gemeinde in Korinth schreibt:

„Und er hat zu mir gesagt: Lass dir an meiner Gnade genügen; denn meine Kraft ist in den Schwachen mächtig. Darum will ich mich am allerliebsten rühmen meiner

Schwachheit, damit die Kraft Christi bei mir wohne.“ (2. Kor. 12,2)

Machen wir uns einmal bewusst, wie es in Psalm 146 (V. 5-6) heißt: *„Wohl dem, …“* … der zuversichtlich, mächtig, selbstsicher ist? Nein. *„Wohl dem, dessen Hilfe der Gott Jakobs ist, der seine Hoffnung setzt auf …“* … seine eigenen Fähigkeiten, Pläne, Ressourcen? Ganz und gar nicht! *„Wohl dem, dessen Hilfe der Gott Jakobs ist, der seine Hoffnung setzt auf den Herrn, seinen Gott, der Himmel und Erde gemacht hat (…); der Treue hält ewiglich.“*

Es ist ein Problem, wenn wir immer danach streben, Helden zu sein. Ich setze mich damit unter Druck, habe das Gefühl, etwas sein zu müssen, was ich nicht bin, werde blind für die Wahrheit über mich selbst und andere.

Wenn ich erstaunt bin, weil bekannte Christen zu Fall kommen oder ich selbst ins Stolpern gerate, dann denke ich zu groß von anderen und mir selbst und zu klein von Gott und Christus. Anstatt heldenhaft sollte ich lieber ehrlich sein.

„Wenn ich mich ehrlich betrachte, weiß ich, dass ich überhaupt nicht stark bin. Und das ist vollkommen in Ordnung. Jesu Stärke reicht für mich aus.“

Ein Becher voller Vollkommenheit

„Ich wünschte, das Leben würde sich öfter gut anfühlen."

Dabei geht es mir nicht nur um gute Zeiten. Ich meine *gut* im Sinne von echt, erfüllend, vollständig, heil.

Natürlich gibt es immer gute Momente im Leben, selbst inmitten schwieriger Zeiten, und ich liebe solche Momente.

Einmal ging ich morgens am Strand entlang und beobachtete, wie die Sonne aus dem Atlantik hervorstieg. Einige Delfine sprangen in hohem Bogen aus dem Wasser und tauchten wieder unter die schimmernde, glatte Oberfläche. Ein paar Pelikane flogen in perfekter Formation über meinen Kopf hinweg. Der Himmel war überirdisch blau. Dieser

neue Tag fühlte sich so frisch und hoffnungsvoll an wie kein anderer zuvor. Heil. Gut. Vollkommen.

Ich musste an den Beginn der Schöpfung denken: *„Am Anfang schuf Gott …“* Der Schöpfungsbericht ist so ermutigend, besonders wenn man die Worte *„Und Gott sah, dass es gut war“* auf sich wirken lässt. Gott nennt seine ganze Schöpfung vollkommen, auch meinen kleinen Aussichtspunkt am Strand.

Aber mindestens genauso ermutigend ist es, dass Gott seine Schöpfung erhält und ihr jeden Tag einen neuen Anfang schenkt, auch wenn sich für uns der Tag vielleicht erst einmal nicht so großartig anfühlt.

Warum kann ich nicht jeden neuen Tag mit dem Blick von damals betrachten? Warum kann ich mich selbst nicht jeden Tag mit den Augen Gottes sehen: *„Und Gott sah an alles, was er gemacht hatte, und siehe, es war sehr gut.“*?

Jeden Tag und jeden Moment des Tages will Gott uns die Möglichkeit zu einem Neuanfang schenken. Er will uns Halt geben, uns lieben, uns vergeben, mit uns lachen und mit uns weinen.

„Es ist tröstlich zu wissen, dass Gott uns und jeden neuen Tag für ‚gut‘ erklärt.“

Ein Becher voller Lebensplanung

„Ich bin erschöpft, weil ich ständig versuche, meine selbst gesteckten Ziele zu erreichen."

Wann immer ich meinen Tag davon bestimmen lasse, meine Ziele zu erreichen, werde ich zunehmend angespannt und freudlos. Ziele machen mir oft das Leben schwer. Wenn ich mir Ziele stecke, dann sind sie für mich nicht nur ein Mittel zum Zweck, sondern sie werden mit der Zeit selbst zum Mittelpunkt meines Lebens. Ich messe meinen Wert daran, wie gut es mir gelingt, die Pläne, die ich geschmiedet habe, einzuhalten. Ich konzentriere mich zu sehr auf das Ziel und nicht auf die Reise.

Wenn ich derart auf die Erreichung meiner Ziele fixiert bin, dann bin ich unfrei. Das habe ich am eigenen Leib erfahren.

Dabei ist Jesus in unsere Welt gekommen, damit ich anders leben kann.

Er beruft mich zu einem Leben, das durch Hoffnungen, nicht durch Zielvorgaben geprägt ist. Hoffnungen sind keine Forderungen, keine Bewertungen, keine Lasten. Hoffnungen geben meinem Leben eine Ausrichtung und zeigen mir, wonach ich mich ausstrecken darf.

Im Gegensatz zu Zielvorgaben verlangen Gottes Hoffnungen für mein Leben nichts von mir.

*„Jesus schenkt uns ein Leben,
das von Gottes Hoffnungen für uns geprägt ist.
Ein Leben in Freiheit und Freude."*

Ein Becher voller Verwundbarkeit

„Ich habe Angst, dass andere meine Schwächen sehen."

Niemand möchte vor anderen bloßgestellt werden. Wer mag es schon, in Verlegenheit gebracht zu werden oder sich zu blamieren?

Würden wir wollen, dass unser Nachbar erfährt, wie falsch wir oft mit unserem Geld umgehen? Würden wir in unserer Gemeinde erzählen, dass unsere Ehe in einer Krise steckt?

Wohl eher nicht. Wir arbeiten hart daran, uns selbst einzureden, dass wir eigentlich ganz in Ordnung sind und dass es nicht so schlimm um uns steht. Wir bemühen uns, unserer Umgebung ein positives Bild von uns selbst zu vermitteln. Die Bibel jedoch erinnert uns:

„Nichts ist so undurch-

schaubar wie das menschliche Herz, es ist unheilbar krank. Wer kann es ergründen?" (Jer. 17,9)

Wenn wir es nicht wagen, anderen unser Herz zu zeigen, werden sie uns nie richtig kennenlernen können. Wenn wir es nicht wagen, ihnen unsere Fehler zu offenbaren, werden sie nie wissen, dass sie mit ihren Schwächen nicht allein dastehen.

Gott kann uns den Mut schenken, zu unseren Schwächen zu stehen und uns verwundbar zu machen. Er kann uns helfen, einen ehrlichen Blick auf uns selbst zu werfen und anderen unser wahres Ich zu zeigen.

„Wenn ich meine Schwächen und Fehler nicht mehr verstecke, sondern vor Gott und anderen offenlege, kann das für meine Mitmenschen eine Ermutigung sein."

Ein Becher voller Kühnheit

„Warum habe ich so viel Angst davor, zu versagen?"

Der Gedanke, dass ich versagen könnte, macht mir Angst. Dabei ist Versagen doch nur dann etwas Schlechtes, wenn ich Angst davor habe. Ich fürchte mich davor, weil ich kein „Versager" sein will. Wie erleichternd wäre es, wenn ich mir darum keine Sorgen mehr machen müsste, weil es mir nicht mehr so immens wichtig wäre, ob ich „versage" oder nicht.

Dann hätte ich den Mut, risikobereit zu leben, mich weit aus meiner Komfortzone herauszuwagen und meine Grenzen zu erweitern.

Warum sollte ich mich auch davor fürchten, zu scheitern? Ich bin doch das Kind des großen Schöpfers! Alles, was ihm gehört, will er mir schenken! Wird ein

Misserfolg, ein Fehlschlag irgendetwas daran ändern, wer ich für Gott bin?

Ganz bestimmt nicht!

Ich darf mir Gottes unveränderlicher Liebe gewiss sein und beruhigt und voller Kühnheit leben.

Ich brauche vor nichts Angst zu haben, denn in Gottes Herzen ist immer Platz für mich.

„Versagen? Was ist das?“

Ein Becher voller Motivation

„Ich bin unzufrieden, weil ich in Bezug auf geistliche Dinge so antriebslos bin.“

Ich wünschte wirklich, mein Interesse würde neu geweckt. Ich lese in der Bibel und zucke gleichgültig mit den Schultern. Der Pastor hält eine leidenschaftliche Predigt und ich gähne gelangweilt. Gebet? Nun ja, ich bete vor dem Essen, aber ansonsten …

Ich fühle mich schuldig und das ist auch schon die einzige „geistliche“ Empfindung, die ich habe – es sei denn, Ärger zählt auch dazu.

Ich wünschte, es wäre nicht so. Vor einiger Zeit las ich im Römerbrief: *„Oder verachtest du den Reichtum seiner Güte, Geduld und Langmut? Weißt du nicht, dass dich Gottes Güte zur Buße leitet?“* (Röm. 2,4)

Ja, ich glaube, das trifft

den Punkt. Mein Stolz hat mich dazu verleitet, Gottes Güte und Geduld auf die leichte Schulter zu nehmen. Ich habe mir noch nicht wirklich klargemacht, wie wenig ich die Gnade, die Gott mir entgegenbringt, eigentlich verdiene.

Aber inzwischen habe ich angefangen, den Heiligen Geist zu bitten, mir die unermessliche Tiefe der Liebe Gottes zu zeigen – und das schließt mit ein, dass er mir auch die unermessliche Tiefe meiner Bedürftigkeit zeigt.

Als erste Reaktion darauf habe ich nur ein kleines Aufflackern von Dankbarkeit in meinem Herzen gespürt, aber langsam breitet sich diese Dankbarkeit weiter aus und entfacht in mir eine neue Liebe zu Gott. Ich kann Dankbarkeit nicht „machen“, aber ich kann Gott meinen Stolz und meine Blindheit eingestehen, die mich daran hindern, von Herzen dankbar zu sein. Ich kann den Heiligen Geist bitten, mein Bewusstsein für Gottes unermessliche Güte zu schärfen, damit ich voller Erstaunen zutiefst dankbar werde.

„Dankbarkeit gegenüber Gott motiviert mich, seine Nähe zu suchen und ihm mit Begeisterung zu folgen.“

Ein Becher voller Entschleunigung

„Gehetzt, getrieben, angespannt, gestresst … so fühle ich mich.“

Es gibt so viele Dinge, die an einem einzigen Tag schieflaufen können. Ich stelle mich im Supermarkt ausgerechnet an der Kasse an, an der die Kassiererin am längsten braucht. Vor mir fährt ein älterer Herr nur Schritttempo und ich darf nicht überholen. Endlich zu Hause angekommen, merke ich dann auch noch, dass ich beim Einkaufen das Wichtigste vergessen habe.

Wie sehr ich mich über solche Lappalien aufrege, offenbart mir im Grunde genommen etwas über mich selbst. Es ist ein erster Schritt zur Besserung, wenn ich mir bewusst mache, wie oft am Tag ich genervt oder verärgert vor mich hinmurmle.

Ein fest zusammengepresster Kiefer und eine flache Atmung machen mich darauf aufmerksam, wie wenig ich Jesus in mein Leben einbeziehe.

Ich habe ein ernsthaftes Problem, wenn ein Magengeschwür und eine erhobene Faust die einzigen „Früchte des Geistes" sind, die ich hervorbringe.

Eine große innere Anspannung ist ein Hinweis darauf, dass ich zu sehr mit mir selbst und damit beschäftigt bin, alles im Griff zu haben. Wenn ich dieses Problem nicht angehe, werden ich und meine Umgebung auf Dauer darunter leiden.

Jesus will mir dabei helfen, mich zu entspannen und gelassener zu werden. Ich kann ihm ehrlich sagen, wie es um mich steht. Er kennt mich und die Herausforderungen, mit denen ich tagtäglich zu kämpfen habe. Vielleicht schenkt er mir sogar einen neuen Blick dafür, wie Sonntagsfahrer und lange Kassenschlangen zu Gottes Plan mit mir an diesem Tag passen.

„Ich möchte gerne Gottes Tagesplanung vertrauen, nicht meiner eigenen. Das verringert den oft selbst gemachten Stress."

Ein Becher voller Einsicht

„Ich weiß überhaupt nicht mehr, wie ich mit der Schuld in meinem Leben umgehen soll.“

Diese Einsicht ist eine gute Nachricht, und das aus zweierlei Gründen:

Ich habe meine Schuld erkannt und beim Namen genannt. Und ich habe bereits begonnen, mich mit ihr auseinanderzusetzen. Gut gemacht! Dennoch bin ich aus mir selbst heraus im Kampf gegen die Sünde machtlos.

Ich werde schuldig durch so vieles, was ich tue … oder was ich nicht tue. Die Sünde ist ein ebenso natürlicher Bestandteil unseres Lebens wie das Atmen. Das ist traurig, aber wahr.

Jesus jedoch hat die Sünde besiegt. Ich darf Gottes Geist bitten, mir zu helfen, meine Schuld bei Jesus abzuladen. So läuft das in unserer Freundschaft: ich gebe Jesus meine Schuld und er schenkt mir Vergebung und Gnade und das Vermögen, ihm gehorsamer zu sein.

Ich kann Gott auch um Weisheit bitten, zu beurteilen und zu unterscheiden, mit was für einer Art von Sünde ich zu kämpfen habe. Ist sie aus der Unwissenheit heraus geboren, aus Schwachheit oder aus der Rebellion gegenüber Gott?

Wenn ich schuldig werde, weil ich nicht über Gottes Gebote Bescheid weiß, dann brauche ich Unterweisung. Wenn ich sündige, weil ich immer wieder schwach werde, dann brauche ich die Gnade Gottes, die mich stärkt. Wenn ich Schuld auf mich lade, weil ich gegen Gott rebelliere, dann brauche ich die Erinnerung an Gottes Gebote, an seine Macht und Heiligkeit. Das bringt mich vor Gott auf die Knie und macht mich bereit, sein Erbarmen zu empfangen.

„Die Sünde ist ein sehr realer Feind,
doch durch seinen Tod am Kreuz
hat Jesus ihn bereits besiegt."

Ein Becher voller Lebenslust

„Warum kann das Leben als Christ nicht einfacher sein?“

Einer der Kirchenväter, Augustinus von Hippo, hat den christlichen Lebensweg mit einfachen Worten beschrieben: „Liebe Gott und tue, was dir gefällt.“

Das hört sich vielleicht erst einmal sehr radikal an. Denken wir jedoch einen Augenblick darüber nach, dann macht dieser Satz plötzlich Sinn.

Wenn wir Gott von Herzen lieben, werden wir so leben, wie es ihm gefällt.

Wie aber lernen wir, Gott so zu lieben?

Wir können den Heiligen Geist bitten, uns jeden Tag neu eine tiefe Sehnsucht nach Gott in unser Herz zu legen und uns wirklich bewusst zu machen, dass er uns ohne Vorbehalte liebt. Das befähigt uns auch dazu, auf Gottes Liebe mit unserer Liebe zu antworten, denn *„Er hat uns zuerst geliebt"* (1. Joh. 4,19).

Und was bedeutet es, so zu leben, wie es uns gefällt?

Jesus sagt: *„Wer mich liebt, der wird mein Wort halten"* (Joh. 14,23).

Das ist kein Gebot, sondern eine Feststellung. Wenn wir Jesus gernhaben, wird es uns leichtfallen, seine Gebote zu halten und Gott und unsere Mitmenschen zu lieben.

Aus eigener Kraft können wir das nicht, wir brauchen Gott. Seine Gnade ermöglicht es uns, ihn zu lieben, andere zu lieben und sogar uns selbst.

Wir sind die geliebten Töchter und Söhne Gottes.

„Es macht so viel Spaß, mit Gott auf dem Weg zu sein und einfach zu leben."

Ein Becher voller Dankbarkeit

„Herr, ich möchte dir danken."

Ich danke dir für

- meine Furcht, die mich in deine Arme treibt
- meine Zweifel, die mich dazu bringen, mich an dir festzuklammern
- meine Scham, die mich zerbrochen und bedürftig vor dir stehen lässt
- meine Frustration, die mir zeigt, dass ich selbst nicht viel ausrichten kann
- einen Perfektionismus, der mir meine Defizite offenbart
- mein Scheitern, das mir das Herz bricht
- deine Geburt, die der Welt und mir einen unbegreiflichen Wert beimisst

- dein Leben, das uns zeigt, wie Gottes Reich auf der Erde gebaut wird
- deinen Tod, der uns von den Folgen der Sünde befreit
- deine Auferstehung, die die Macht des Todes zerstört hat
- deine Gerechtigkeit, in die du mich einhüllst
- deine Wiederkunft, bei der du die ganze Schöpfung erneuern wirst
- deine Liebe, die mich befreit – jetzt und für alle Ewigkeit

„Herr, durch dich habe ich Hoffnung!
Hab Dank dafür. Amen."

Bibelstellenverzeichnis